Une Femme par jour

———·———

FEMMES D'ÉTÉ

Collections Édouard Guillaume
" Lotus Bleu "

JEAN LORRAIN

Une Femme
par jour

FEMMES D'ÉTÉ

Illustrations de Mittis

PARIS
LIBRAIRIE BOREL
E. GUILLAUME, DIRECTEUR
21, Quai Malaquais, 21

M DCCC XCVI

IL A ÉTÉ TIRÉ DE CET OUVRAGE

Quelques exemplaires sur papier teinté
Primevère

50 exemplaires numérotés, sur papier du
Japon ; 50 exemplaires numérotés
sur papier de *Chine*.

Une Femme par Jour

FEMMES D'ÉTÉ

La Femme du Vingt-huit jours

Dans la tristesse du petit
jour, hier comme l'avant-
veille, elle s'est levée, la
vaillante petite femme, hier
comme aujourd'hui, aujour-
d'hui comme tous les matins,

....

pour aller tenir sa boutique de
vendeuse de petit noir aux
halles. Un mouchoir en mar-
motte sur ses cheveux gras,
une palatine de charcutière
aux épaules et un foulard
serré au cou, qu'il vente ou
qu'il pleuve, par le froid, par
le chaud, c'est sa place et son
métier de demeurer sur sa
chaise, immobile, à l'angle
gauche de la travée centrale,
du côté de la rue du Pont-
Neuf, et là, en sentinelle auprès de son poêle, sommaire
cuisine installée en plein vent,
elle sert du café chaud, du thé
bouillant et de la soupe fu-
mante à toute cette foule
allante et venante des Halles,
forts et porteurs, hommes de
corvée, maraîchers et, dans le

nombre, ouvriers sans ouvrage,
filous et galvaudeux, tout le
flux et le reflux humain de la
Boucherie, de la Volaille, des
Fruits et Fleurs et de la Marée,
virant et voltant de la rue de
la Reynie à la Pointe Saint-
Eustache, tandis que resplen-
dissent, telles d'énormes opa-
les, les vitres incendiées de
lumière électrique des quatre
Pavillons.

Hier matin elle était toute
fiévreuse, ne pouvait tenir en
place, bousculant presque sa
clientèle, elle ordinairement
si placide, si accueillante,
mais rien qu'à voir ses yeux
rouges et la crispation de
toute sa pauvre figure tiraillée
d'une envie de pleurer, on ne
lui en voulait plus, à ma-

....

dame Marie, et les habitués
compatissaient même à son
gros chagrin !

Dame... songez donc... à
peine après dix mois de mariage on lui prenait son
homme, son amour de
zouave... Une saleté que le
gouvernement lui faisait là
de lui enlever Alfred pour les
vingt-huit jours !

Ah ! c'est qu'elle l'avait
dans le sang, son beau mé-
daillé du Tonkin, et elle jusqu'alors demeurée indifférente
et presque sage, la première
fois qu'elle l'avait vu faraud,
dans son costume de zéphyr,
au seuil du bureau de place-
ment de la boucherie, ça avait
été le coup de foudre... Le
cœur lui avait flotté comme

subitement décroché dans la
poitrine et elle l'avait désiré
et en même temps aimé
d'amour.

Amour de laideron déjà
mûr, de fille du peuple déjà
montée en graine, travail-
vailleuse et économe, dure à
la dépense et à la peine, jusqu'alors rangée, toute à son
petit commerce, levée toute
l'année à trois heures du
matin, été comme hiver, et
tenant propre et net, comme
un sou neuf, son mince petit
mobilier de journalière acheté
chez le brocanteur sur les gros
sous de la Caisse d'Epargne.

Elle l'avait adoré, son Alfred,
et pour sa taille mince, et pour
ses épaules larges, et pour ses
moustaches en coup de vent,

larges et broussailleuses, pour
son air de chapardeur du
3ᵉ zéphir et cette tournure
mi-héroïque et mi-Fatma que
donnent le pantalon bouffant
et la veste d'Afrique à nos
désinvoltes artisans des fau-
bourgs; et lui, pas méchant,
un peu paresseux, et aimant
peut-être (un reste d'habitude
du régiment) à s'attarder sur
le zing des mastroquets pour
y raconter ses campagnes,
s'était laissé aimer, le beau
mâle, indulgent à l'adoration
de ce petit bout de femme
attelée à la besogne comme
un cheval à l'ouvrage, l'avait
épousée et depuis dormait ses
nuits pleines, tandis qu'elle à
trois heures du matin s'habil-
lait en hâte à la chandelle et

dévalait, grelottante dans l'air froid de la nuit.

Elle l'aimait, et lui se laissait aimer, dorloter, entretenir, acceptant inconsciemment et payant d'un baiser, d'une machinale caresse, le dévouement, les privations et les sacrifices.

Et voilà qu'on lui prenait son homme, maintenant. Et, cruelle nécessité de la vie atroce d'ici-bas, le matin même où il partait, elle était forcée d'être là, à sa table de vendeuse, à débiter son café et ses soupes, tandis qu'elle aurait voulu être là-haut, dans leur petite chambre obscure et close, à l'étreindre entre ses bras nus et à défaillir sur son cœur.

Une lueur d'espoir lui res-
tait cependant. Alfred avait
bien reçu son livret, mais il
n'était pas sûr de partir...
Aussi, coûte que coûte, elle
dépêcherait ses clients, per-
drait, s'il le fallait, ce matin-
là sur la vente; à huit heures
elle déménageait son étal,
fermait boutique, sautait sur
le tramway Passy-Louvre et,
à neuf heures, sous la bruine
grise et tiède de ces matins
pourris d'avril, elle était là
au bastion de la porte de
Passy, le rendez-vous assigné
aux réservistes de la classe
1885, de la même classe que
son homme.

Le bastion de la porte de
Passy : des blouses, des cottes
et des vestes, des tuniques de

....

troupiers et de chasseurs
d'Afrique, des cotillons ruti-
lants de zouaves et des ja-
quettes de dandies, des valises
nickelées, des sacs de nuit en
tapisserie, des malles velues
et des musettes de toile en-
tassées, comme des colis, dans
une cour de caserne sous la
pluie qui crachine et qui
tombe; des officiers, encapu-
chonnés, aux gestes impa-
tients, circulent tels des meneurs de l'Abattoir au milieu
de ce bétail. A l'horizon, derrière le gazon ras des forti-
fications, le bois de Boulogne
et les coteaux de Saint-Cloud;
estompés très fins dans une
brume violâtre.

Et elle ne l'a pas revu son
zouave. Les sergents, chargés

de maintenir l'ordre autour
du bastion, ont été inflexibles
sur la consigne; elle a, deux
heures durant, attendu là,
muette et toute blanche sous
sa capeline, les yeux fixés et
le cou tendu sans pouvoir
l'apercevoir, sans pouvoir lui
donner les vingt francs qu'elle
avait, toute la matinée, palpés
et pétris dans sa poche.

Et lui, il était *bu*, comme
de juste. Des copains retrou-
vés, des anciens du Tonkin
et d'Afrique, une tournée
par-ci, une tournée par-là...,
ils étaient déjà loin, les dix
francs carottés par lui sur
l'oreiller hier au soir.

A quand la prochaine lettre :
« Ma petite femme chérie.
Mes chaussures ne tiennent

....

plus, le voyage et les pre-
miers exercices les ont esquin-
tées, si tu peux aujouter aux
vingt francs promis deux
thunes pour réparation et une
autre pour que j'offre à diner
à mon sergent », etc.

Et elle les enverra, les
trente-cinq francs demandés,
la pauvre femme, elle se pas-
sera plutôt de manger, elle
les lui enverra pour les bis-
tros grouillant autour de la
caserne et les pouffiasses de
la rue, et les nyniphes cloi-
trées de sa ville de garnison.
Elle l'adore !

La Groseille à maquereaux

Par ces clairs et bleus matins d'avril, que pastille de vert la montée des jeunes pousses, son âme aussi s'éveille, à elle, la pauvre machine à plaisir, et derrière les murs nouvellement recrépits de la maison aux persiennes closes, le be-

soin d'aimer la travaille, et
des nostalgies d'idylle et de
coins de nature. Elle se prend
à désirer maladivement, avec
des impatiences de femme
millionnaire, son tour de
sortie, son samedi de quinzaine, et, dans un coup de
soleil, oubliant les avanies,
les horions et les marchés à
taux débattus de ses liaisons
anciennes, elle 'songe sérieu-
sement à se marier encore
une fois!

A se marier... oui, à se
coller comme tant de ses
compagnes, filles de maison
comme elle, avec un beau
petit homme, un rigolo un
peu sentimental, pas trop cependant; qui saurait pousser
sa romance et la promènerait

le dimanche à la campagne :

Et quand reviendra le temps des cerises

Ce n'est pas qu'elle ignore
combien ces messieurs sont
rosses et tapeurs... Ils lui ont
déjà coûté bon, ses coups de
cœur et de tête ! A-t-elle été
assez et trompée et grugée
par les hommes !.. Mais, c'est
plus fort qu'elle, elle a besoin
d'aimer, de protéger quel-
qu'un, et plus on lui fait de
crasses, plus elle s'attache et
plus elle chérit. Maternelle,
quoi ! Ah ! oui, elle sait ce
que lui ont coûté ses béguins.

Ah ! ce n'est pas qu'elle
n'ait essayé de se mettre
en ménage avec une amie,
comme les autres ; car ça se

....

fait beaucoup maintenant dans
les maisons. On met en com-
mun les gains et les pertes,
on fait des économies et, les
jours de sortie, on s'en va
ensemble dîner, comme des
dames de la haute, à Ville-
d'Avray ou sur les bords de
la Marne à Nogent : on se
fait servir en cabinet particu-
lier et l'on fume au dessert
des gros londrès, en vraies
marquises, on paie chacun sa
part, de sorte en somme qu'il
n'y a pas de chipage et, plus
tard, si ça tient et si les ca-
ractères s'arrangent, on a l'espoir de se retirer un jour et
de vieillir ensemble dans une
petite villa avec kiosque et
jardin, soit à Asnières, soit à
Colombes, en honnêtes fem-

mes, comme des rentières, en
voisinant avec les gens hono-
rables du pays.... Ce sont en
perspective de longues parties
de whist, de lotos de famille
et des dîners priés les jours
de fête. Un horizon de bourgeoisie, quoi !

Hé bien non... elle n'a
pas pu.... Ça la dégoûtait, ce
truc-là, le cœur lui levait,
c'était plus fort qu'elle ; et
puis, franchement, elle avait
bien assez de turbiner les
trois quarts de ses journées
pour satisfaire le goût de la
clientèle, si c'était pour re-
commencer avec une femme...
Ce qu'il lui plaisait et ce
qu'elle voulait s'offrir et se
payer, pour son argent, c'était
un vrai mâle... sans vilaines

.....¡.................................

exigences de miché, un petit
mari qui l'aimerait bien... à
la paysanne !

Oh ! c'est qu'elle n'était
pas raffinée, elle n'était pas
née à Mortagne pour rien ;
non, elle n'était pas Parigote,
et elle s'en vantait encore.

Aussi, samedi dernier, la
gorge sanglée dans une robe
noire à garnitures de jais,
bien juponnée de blanc, un
gros nœud mauve sur son
épaule, une ombrelle noire à
effilés à la main et sur ses
cheveux gras et bien peignés
un chapeau de vingt-deux
francs, en vraie dame, elle
s'est lentement, tout en se
promenant au beau soleil, di-
rigée vers le boulevard Saint-
Marcel, là-bas, tout là-bas,

plus loin que la Bastille, derrière le Jardin des Plantes,
près de la gare d'Orléans.

En passant sur le pont
d'Austerlitz elle a bien eu
une minute d'hésitation, un
petit serrement au cœur...
Car, enfin... elle avait vécu
si tranquille, ces derniers
six mois, sans liaison, sans
homme : c'est peut-être au-
devant de son malheur qu'elle
allait là, comme une brebis
qui cherche l'abattoir !

Mais le soleil s'irradiait si
rouge et si flambant, derrière
les tours de Notre-Dame; il y
avait dans l'air rajeuni une
telle joie de vivre, et dans la
grande allée du Jardin des
Plantes, apparue toute verte
dans le poudroiement du cou-

....

chant, partout un tel gazouillis
d'oiseaux, comme le pétille-
ment d'une immense friture,
et dans tout et partout un tel
parfum de printemps qu'elle
avait bravement franchi la
Seine et...

« Avoue que tu veux...
hein ? Tu cherches un petit
homme », lui chuchotait tout
bas un grand maquignon en
blouse bleue, installé devant
un litre de vin auprès d'elle.
C'était une heure après, dans
la buvette du Marché aux
Chevaux.

Assis tous les deux sous
une maigre tonnelle, dans le
préau même des trotteurs,
elle se taisait, très rouge,
taquinait un pavé du bout de
son ombrelle, tandis que lui,

le genou coulé entre ses ge-
noux, lui parlait dans le cou,
la serrait de très près, lui cha-
touillait d'un bout de moustache l'ourlet cramoisi de son
oreille, avec de drôles d'yeux
chavirés vers sa chaine de
montre et ses pauvres bijoux.

— Oh! je sais que tu es
bonne fille, c'est toi qui étais
avec Gros-Nez, de Montron;
il m'a souvent parlé de toi...
Vous êtes restés deux ans
ensemble... et pis il t'a fait
des saletés, je sais ça, il s'est
conduit en muffe, alors tu
l'as quitté et t'as bien fait...
(et comme elle se tait toujours, les paupières baissées)
oh! tu sais, moi, je suis pas
pétardier, je mettrai jamais
les pieds à la boite... J'ai déjà

eu une femme en maison ! »
A quoi la fiancée d'une voix
inquiète :

— Elle t'a quitté?

— Non, elle est morte... (et
il esquisse le geste d'essuyer
une larme au coin de son œil
sec). Je l'estimais bien, c'était
une bonne fille... dans ton
genre... Tu lui ressembles,
vrai, mais en plus jeune...
Parole, je suis veuf et libre
comme l'air, si tu veux, c'est
fait. Et puis que je sais les
dégoiser, les chansons... De-
mande plutôt à Jules. Eh !
Julot ! prends-tu un verre?
(Et hélant une autre longue
blouse bleue qui passe). Eh !
viens donc, c'est madame qui
régale. Viens que je te présente à madame. » Et comme

la fille intimidée lève un œil
sondeur vers le nouveau venu.
« Un beau garçon aussi. Re-
gardez-moi ce coffre-là, fait le
premier assis en frappant sur
l'épaule de Jules, et à prendre,
aussi !... Nous sommes tous
veufs, aujourd'hui, au Marché
aux Chevaux... Si Julot te
plaît, je lui passe la main,
c'est mon poteau, je ne suis
jaloux qu'après. Oh ! je suis
un bon fieu. »

Et tandis que les chevaux,
la crinière tressée, la queue
relevée par un gros nœud de
paille, trottent et galopent,
tenus en main par les seconds
garçons : que le pavé sonne,
luisant et blanc, sous les sabots
des demi-sangs et des gros per-
cherons, la fille, assise entre

les deux blouses bleues, songe
à des lointaines visions de
son pays, à une place d'église,
un dimanche d'assemblée, dans
un petit village, à un autre
marché aux chevaux, où four-
millaient des croupes moirées,
des crinières tressées et de
longues blouses bleues, tout
sonore aussi de claquements
de fouets, de boniments et de
jurons.

Au loin, au-dessus des murs
du grand préau carré, bombe,
un peu violacé dans l'air
doré du soir, le dôme de la
Salpêtrière.

La Phailophcre

J'ai peur d'Avril, peur de l'émoi
Qu'éveille sa douceur touchante.
Vous qui le craignez comme moi,
C'est pour vous seuls que je le chante.
(*Les Tendresses vaines.*)
SULLY PRUDHOMME

A la voir passer, le matin,
simple et correcte dans des
toilettes assagies, la jaquette
de drap sombre ajustée à la
taille, en robe de foulard gris
et le visage ennuagé de tulle

....

sous l'immense chapeau de
paille noire à fleurs jaunes,
qui croirait que cette prome-
neuse matinale, cette habituée
de solitaires avenues du Bois
et de l'allée de la Reine-Mar-
guerite, est une hallucinée, une
visionnaire érotique, obsédée de cauchemars obscènes,
comme la satanique héroïne
du roman de *Là-Bas*.

Cela est pourtant. Cette
ancienne courtisane, aujour-
d'hui rentée et rangée des
voitures, cette amie (aho...
yes, darling de Galles et des
plus grands noms d'au-delà
du détroit), cette tendresse
jadis haut cotée des belles
nuits de l'Empire, où sa nu-
dité rose et saine de bar-maid
anglaise eut plusieurs fois

l'honneur d'être servie comme
un rôti sur un plat, est une
douloureuse, une persécutée,
une misérable malade atteinte
et dans son âme et dans sa
chair.

Elle est la victime d'une
obsession affreuse, incessante,
continue, qui tient du sortilège et de l'envoûtement.
Cette ex-entrebâillée et même
très ouverte, qui dut à la com-
plaisance d'infatigables mu-
queuses le petit hôtel et le
grand confortable où elle vit
maintenant, est, avec les
années, devenue puritaine,
austère, presque farouche. Il
n'existe pas, dans le faubourg
Saint-Germain, de salon où la
conversation soit plus collet-
monté, le ton plus exquis que

....

dans la succession des fumoirs
et des boudoirs aujourd'hui
déserts de son hôtel de la rue
de Chaillot; et les hommes
de club, amants de passage,
reçus aujourd'hui comme amis
chez Nora, ont accepté, en
souriant, la consigne : on ne
parle que politique et sport et
bourse à sa table, il n'y a que
des chevaux hongres à l'écurie
et que des chiennes au chenil.
Nora, Nora la blonde ar-
dente pour qui fut composée
la *Vénus aux Carottes*, Nora,
le si joli *Aho Kioupidone*,
d'*Orphée aux Enfers* aux
Bouffes, a aujourd'hui le mâle
et le sexe fort en horreur.

Et pour une bonne raison,
la pauvre !

Les michés spoliés et mis

jadis en coupe réglée sont
cruellement vengés par la
force des choses. La pauvre
Nora ne peut maintenant rencontrer une veste, une cotte,
un pantalon ou un habit,
sans voir aussitôt se dresser
devant elle l'immondice en-
émoi de l'homme.

Cet œil aigu, divinateur,
avec lequel les hommes à
femmes déshabillent en une
seconde la mondaine ou le
trottin balançant des hanches
devant eux, Nora l'a, et bien
malgré elle, ce mauvais œil,
trop clairvoyant pour la hi-
deur des mâles.

Le terrassier croisé dans la
rue, le clubman salué dans
l'avenue des Acacias, le cocher
de fiacre sur son siège, le ser-

....

gent de ville en faction sous
sa fenêtre, par un phénomène
atroce et nerveux qui tient du
sortilège, Nora les voit nus,
ardents et monstrueusement
nus dans l'horreur de leur
sensualité en désordre; son
maître d'hôtel se révèle in-
soutenable de désir. Comme
le Gilles de Rais de Huys-
mans, fuyant éperdu dans la
forêt de Tiffauges, était pour-
suivi dans son haletante galo-
pade par l'obscénité des vieux
arbres; de même est troublée
par d'insidieuses apparences
et d'équivoques contourne-
ments de meubles l'imagination malade de la misérable.

Elle a beau faire, elle a eu
beau tenter le bromure et le
massage et l'électricité et les

douches, son honteux et frétil-
lant passé lui remonte comme
un vomissement sur les lèvres ;
elle meurt du mâle dont elle
a vécu. C'est la misérable
obsédée de son métier de' di-
vertisseuse d'hommes ; les joies
sensuelles, dont elle fut la
commerçante experte et froide,
hantent d'un cauchemar in-
fâme son âge mûr ; son passé
de fille à la mode filtre une
odeur d'égout dans sa respec-
tabilité d'honnête femme, son
cerveau est peuplé de phallus ;
c'est la phallophore. elle expie.

Fleur de Fortifes

Un coin de banlieue mélancolique et laide... des terrains
vagues, engorgés de plâtras,
çà et là de fruits pourris. de
cendres. Au loin, à l'horizon,
la vue désespérante de séchoirs

de peaussiers et de cheminées
d'usine; à gauche, un chemin
de ronde et les fortifes, les
remparts de Paris; en dehors
vient mourir une pauvre rue
de faubourg aux maisons pa-
voisées de paillasses et de
linge.

Selon qu'à l'horizon bombe
en or bruni le dôme des
Invalides, soit la boule arron-
die, estompée et violette, de
ces doubles coupoles, Val-de-
Grâce, Panthéon, cette campagne en guenilles est la plaine
de Grenelle, de Gentilly ou de
Vanves; ici c'est la Bièvre et Bi-
cêtre; de l'autre côté de Paris,
c'est la route de la Révolte, les
Quatre-Chemins, Saint-Denis.
A site fantomnal, population
de limbes : des carriers blancs

de marne, des glaisiers gras de
glaise aux paupières saignan-
tes, d'équivoques mendigots
porteurs d'orgues ; çà et là un
lignard, silhouette pitoyable,
taillant une baguette autour
des bastions... coin de nature
désolée et malingre aux ha-
leinés de purin gâté et sans
autre verdure que des herbes
lépreuses où dorment, affais-
sés, de louches tas de loques,
ouvriers sans ouvrage échoués
là de fatigue et qui, à la
tombée de la nuit, se réveil-
leront grinches et souteneurs.

Alors des hangars borgnes,
des bâtisses tartreuses lon-
geant la grande route, des
bicoques peintes en rouge
« Lapins sautés, bières et
vins », comme barbouillées

de lie, surgit à pas menus la
rôdeuse de fortifes, la mar-
chande à bas prix d'amour et
de caresses, descendue au-de-
vant de tous les ruts obscènes,
de tous les vices infâmes et
de toutes les folies qu'éveille
l'ombre tentante et tentatrice,
comme une occasion de délit.

En jupons blancs trop em-
pesés et craquant sur ses pas
avec un bruit de feuilles
sèches, c'est la fleur malsaine
aux écœurants relents de crasse
et de pommade, de cette nature écorchée et pleurante,
fleur de prostitution sur fumier
de gravats.

Le jour baisse : embusquée

sur le chemin de ronde, la
jupe relevée sur ses bas bien
tirés, un œillet rouge aux
lèvres, elle trotte indolente et
tortillant des hanches, agui-
chant le passant au subit éclair
de ses dessous de fille, dans
un preste coup de croupe,
montrés, évanouis.

C'est un sourire de coin,
un psitt, psitt, une œillade...
Si le client avance, les fossés
sont tout près, la femelle y
descend : si l'homme est un
turbin, artisan de banlieue, ou-
vrier mégissier, briquetier ou
puisatier, la gadoue s'exécute
et la brutale idylle se dénoue
en plein air, tâtonnante,
dans l'ombre, à l'abri d'une
porte, au revers d'un talus;
mais malheur au client si la

rôdeuse a flairé du *pognon* et
reconnu un pante... petit ren-
tier venu par avarice aborder
la Cythère ambulante des pauvres, ou vicieux anonyme,
égaré en curieux, un louis
dans le gousset, dans l'an-
goissante chatouille du péril
couru. La pierreuse. en cheveux *souriera*, s'il le faut, la
tête du client sur le pavé de
la route, celui où, tout à
l'heure encore, sonnait comme
un appel le talon de sa bot-
tine. La nuit tombée, devant
un gousset plein, elle dé-
trousse et surine, la rôdeuse
de fortifes.

Il y a trois ans, à la porte

Bineau, elle assommait un
vieillard, et s'appelait le
Singe-Vert, héroïne macabre
des plus typiques fait-divers de
la galanterie sombre. Il y a
quinze jours, un matin, deux
forgerons sont ramassés à la
porte de Vanves, lardés de
coups, sanguinolents, refroidis
à cause d'elle cette fois inconnue. C'est la Vénus de la
Morgue, la Sirène à la fois
sanguinaire et pourrie des
flaques d'eau des fossés.

De la voie de ceinture aux
glacis des remparts, avec ou
sans complices, la belle ouvrage ne chôme pas pour
elle. Catin et assassine, c'est

presque l'Hérodias de ce
Louvre de foire : le musée
criminel de l'ex-préfet Macé,
c'est presque la Joconde de
Jean Raffaelli.

L'Evanouisseuse

Elle fut une des plus char-
mantes *évanouisseuses* de cette
fin de l'Empire, où les femmes,
les finances et jusqu'au budget
de la guerre eurent de si re-
tentissantes crises d'évanouis-
sement.

....

Fille naturelle d'un grand
seigneur prudemment éva-
noui au moment de sa nais-
sance, belle à miracle et racée
comme un cheval de sang,
elle était à vingt ans dotée
par son père et mariée à un
aventurier du monde officiel,
dont les scrupules s'évanouis-
saient à point nommé devant
un apport de trente mille livres
de rente et une corbeille de
cent mille francs.

Sous-préfète à Compiègne
et préfète à Versailles, reçue
même aux Tuileries, dans une
époque de mœurs abandon-
nées, elle eut, plus qu'au-
cune autre, la science des
abandons et raffina si bien
l'art de fermer les yeux en
entr'ouvrant le reste qu'elle

entrebâilla toutes les portes,
eut de précieuses défaillances,
et que toutes ses chutes de-
vinrent à son mari degrés
d'avancement.

Femme de devoir avant
tout, dévouée aux intérêts du
ménage, elle s'évanouit partout, à Biarritz comme à
Pierrefonds, place Beauvau
comme rue de Grenelle, à
l'ambassade comme au minis-
tère, faisant éclore à chaque
pâmoison quelque nouveau
ruban à la boutonnière conju-
gale.

Voyez, sire, elle pâme et d'un amour
                              [parfait
Dans cette pâmoison, sire, admirez
                              [l'effet

Vers la trentaine, son mari

baron et député, elle s'évanouit alors pour son compte
chez l'agent de change et chez
le couturier. La pâmoison était
chez elle devenue une habitude; on ne refait pas un
tempérament.

Aujourd'hui son joli visage
de brune aux yeux bleus s'est
empâté, la taille et la tournure sont quelque peu douai-
rières, mais la voix est demeurée jeune, une voix d'eau
qui court, d'une séduction
qui prend, et la main donc...
blanche et douce au toucher,
fine aux doigts fuselés et
comme mouillés au bout d'une
lueur de nacre, une main
molle et fondante dans la
main qui la serre, main sans
résistance, engageante à l'as-

saut d'un corsage ni trop
découragé ni trop encoura-
geant.

Nerveuse et sensible à
l'excès, terrifiée d'une queue
de souris et morte d'une
abeille qui passe, chose étrange,
cette âme de sensitive adore
les sensations violentes. Les
crimes passionnels la passion-
nent; habituée des assises,
elle a lorgné Menesclou, le
violeur de petites filles, et
donné à Pranzini la larme de
la femme du monde. Des mal-
veillants soutiennent l'avoir
reconnue place de la Ro-
quette, certains matins d'exé-
cution. Membre de la Société
protectrice des animaux, elle
fait dresser des procès-ver-
baux aux cochers et du temps

des combats de taureaux, ne
manquait pas une corrida.
Deux fois par semaine, en
plein juillet brûlant, elle quit-
tait son ombreuse propriété
de Saint-Germain pour venir
déchirer ses gants rue Pergo-
lèse et jeter sa rose de ceinture au brun Mazzantini, au
bel Angel Pastor. Les culottes
collantes l'offusquent et l'in-
téressent, et si on ne l'a
jamais vue aux Invalides et
à Neuilly, aux exhibitions de
viande des lutteurs, c'est que
la société bruyante qu'on y
rencontre, filles entretenues
et gommeux du boulevard,
blesse tous ses instincts délicats, mais elle honore tous
les Lendit de sa présence, et,
pour stimuler l'horticulture

de son département, orga-
nise en juin, dans son château d'Orbelles, des concours
d'asperges, et décerne aux
vainqueurs des médailles d'argent.

Entre tant de syncopes, sa
pâmoison la plus célèbre fut
celle qu'elle eut avec un
homme d'esprit, quoiqu'un
peu gendelettre, qu'elle avait
remarqué, elle déjà mûrie et
lui encore très vert, à un des
dimanches soirs de cette bonne
princesse.

Frappée du tour d'esprit et
peut-être du reste de notre
cher seigneur, après les com-
pliments d'usage, elle faisait
part à l'heureux sire de tout
le plaisir qu'elle aurait à le
revoir. Tous les jours, à deux

+

....

heures, avant l'heure du Bois,
dans son hôtel, avenue Kléber,
on la trouvait sûrement :
rendez-vous pris le lendemain.

Boudoir de soie Louis XVI
entêtant la verveine ; piles de
coussins et clair-obscur sa-
vant ; tenue de galante défaite, peignoir enrubanné,
dont la soie souple et molle
est toute une éloquence :
« A bon tendeur, salut, ou
seigneur en avant » ; ce que
voyant, notre homme averti
brusque les préliminaires et,
devant cette ville offerte, veut
pénétrer de go dans l'empla-
cement.

Une voix suppliante l'ar-
rête :

« Mais, monsieur, où

vous égarez-vous! mais per-
dez-vous le sens? »

Et une main défaillante saisit
un gland de sonnette ; un ca-
rillon fait rage, une femme
de chambre entre dans le boudoir :

— Madame a sonné ?

— Oui, ma fille... Excusez-
moi, monsieur, mais je suis
si souffrante, d'une nature si
faible, vraiment, si délicate...
une de mes défaillances...
C'était pour un verre d'eau...
Justine, un verre d'eau.

(Le Monsieur à Justine)

— Justine, dans une cu-
vette !

Et notre homme, agacé,
prend son chapeau, se lève,

....

et laisse la belle évanouis-
seuse à son évanouisse-
ment.

Le Massacre des Innocents

Sa physionomie! Il faut
être bien peu Parisien pour
ne pas la connaître.

En effet, qui de dix heures
à midi, au *Pavillon Chinois*,
de cinq à six, aux Acacias,

n'a vu passer au moins une
fois cette jolie silhouette de
voyoute parisienne.

Le nez droit aux ailes mo-
biles, la bouche gouailleuse
et ciselée, faite pour les très
savants boniments de l'alcôve
comme pour les coups de
gueule de l'amour; avec cela
la tête petite, obstinée, vo-
lontaire, presqu'une tête de
garçon sous la tignasse dorée
à la potasse et rabattue en
mousse sur le front, la taille
mince, les épaules pleines,
pas de hanches et la jambe
forte, une anatomie d'androgyne qui rassure les timides,
encourage les très jeunes,
fait rêver les hommes mûrs et
saliver les vieux

Plus très jeune cependant

malgré ses jupes de drap
mastic un peu *crinolinées* des
femmes de l'empire, ses vestes
soutachées et sa démarche
balancée de svelte officier aux
gardes, mais, malgré ses qua
rante ans et plus, gardant
sans ride et sans couperose sa
carnation rosée de blonde, de
blonde lavée sans cold-cream
et sans fard, une chair presque honnête, embaumant le
tub et l'eau froide et, pour
achever le portrait, la poignée
de main d'un bon garçon. Le
bon garçon qui en elle rassure
et amadoue le collégien d'hier,
toujours un peu épeuré de la
femme, bon camarade dont
elle jouera, la fine mouche,
jusqu'à devenir ce collégien
elle-même, le collégien de

toutes les complaisances. C'est
que Francinon n'a pas été
impunément l'amie d'un Ibra-
him-Pacha durant son enga-
gement au Caire, l'amie de
Gabrielle M... devenue depuis
la belle Madame A..., alors que
débutantes dans la galanterie,
elles habitaient ensemble la rue
de Châteaudun et persillaient
quotidiennement au Cirque
d'Été, à Mabile, au Helder.,.
Aïe! en voilà des dates!

Pis, ne fut-elle pas à un
moment la maîtresse du duc
de L..., le cousin du Czar
actuel, maîtresse en titre avec
palais sur la Perspective
Newsky, huit orlofs à l'écurie,
moujiks à l'antichambre et un
budget d'archiduchesse. Le Co-
saque, en tant que barbare

raffiné, avait toutes les fan-
taisies et toutes les audaces
d'imagination en amour. Francinon se fit complaisante jusqu'au jour, où, la police s'inquiétant enfin des fêtes un
peu trop russes du petit hôtel,
la belle impressaria était priée,
par ordre du Czar, de vouloir
bien regagner la frontière. Un
racontar voudrait même qu'à
ce moment *Fanny Lear*, en
bouclant ses malles, eût emballé certaine plaque de pier-
reries estimée à une valeur
de vingt mille roubles, propriété particulière de l'amant
de la veille, rien moins que
la plaque de toutes les Rus-
sies, accordées aux seuls
princes du sang.

Aujourd'hui, son étoile a

....

quelque peu pâli et il y a
certes loin du galant entresol
de l'avenue de Villiers, qu'elle
occupe, au luxueux premier de
la rue Caumartin, retour du
Caire, au consulat anglais
de Buenos-Ayres où elle
fut Madame la Consule toute
une saison et au palais de
Saint-Pétersbourg. Mais Francinon n'a connu impunément
ni les grands ducs, ni les con-
suls anglais, ni les pachas du
Caire ; et si, ses quarante ans
s'entrebâillent si maternels à
la gaucherie inexpérimentale
des collégiens mineurs, c'est
qu'elle a bonne mémoire
et a trop utilement fréquenté
les cours, pour ne pas savoir les
profits à tirer du cours de la
Bourse appliqué aux soins de

la jeunesse et de son éduca-
tion.

Elle tient même à ce propos
un assez curieux cours *ad
usum Delphini*, cours où les
mœurs grecques, romaines,
orientales et autres sont déli-
catement inculquées aux jeunes
clients, tant et si bien que le
jour où, devant les dépenses
du mineur emballé, la famille
réclame, Francine sait avec
quoi fermer la bouche aux
plus récalcitrants. Les meil-
leurs avoués perdent leur latin
dans tout ce grec et, dernière-
ment encore, Francine, atta-
quée, offrait aux hommes de
loi des pièces de conviction
d'une solidité telle, qu'une
austère famille du très noble
faubourg achetait l'aumône de

....

son silence la bagatelle de
deux cent mille francs. Au
demeurant, la meilleure fille
du monde, et d'une complai-
sance... La seule à Paris pour
organiser dans les vingt-quatre
heures certaines petites fête
dont, par grâce de métier,
elle a toujours en main les
éléments. Elle vous prêtera
son appartement au besoin et
y figurera en personne, mais,
dame! si vous voulez que tous
les clubs et tous les boudoirs
de Monceaux n'en soient pas
informés le lendemain, il
faudra que cela casque et que
cela sonne; en un mot, une
de nos plus expertes cro-
queuses de *fafiots mâles*, une
mangeuse d'héritages, la maitresse du genre pour ourdir

un scandale et appuyer à
temps du doigt sur la chan-
terelle, une des plus dange-
reuses Mmes Cartouche em-
busquées au tournant des
avenues du Bois, cette forêt
de Bondy des viveurs pas
encore aguerris, Francine,
Francinon, dit le Massacre
des Innocents.

La Femme du 14 Juillet

Derrière les persiennes her-
métiquement closes du n° 60,
la belle Hermance se lève en
s'étirant et bâille. Huit heures,
il fait grand jour ; déjà depuis
trois heures les salves d'artil-

....

lerie ont réveillé le quartier,
et dans la rue, pavoisée d'une
orgie de drapeaux et de verres
de couleur, les cornets à bou-
quin et les pétards tapagent ;
gaieté de peuple en liesse,
qui attendrit la fille et, lui
gonflant le cœur d'un chau-
vinisme vague, secoue ses
tetons mous de grosse dondon
bonasse d'un hoquet de *Mar-
seillaise.*

C'est le jour de la grande
corvée, la plus haute recette
de l'année pour Madame, pas
moyen de muser! Songez
donc, toute la ville en fête,
et vomies par tous les trains
de plaisir organisés, Midi,
Nord, Est, Ouest, toute la
province et la banlieue se
bousculent dans Paris. Ce

que la nuit dernière a été
déjà dure (pas moyen de
fermer l'œil, le dernier client
partait à cinq heures, au moment où les premières fusées
pétaradaient chez le *chand* de
vins d'en face; à peine trois
heures de sommeil).

Cependant, grâce à la crème
Simon et au bâton de rouge,
on n'est pas trop défaite. Une
bonne demi-heure de minu-
tieux et patients nettoyages
a réparé les avaries de la
nuit, et quand le merlan aura
passé par là, rebourrant de
crêpés sa chevelure filasse,
elle ne sera pas si à déje-
ter que ça, la grosse Hermance du n° 60, dans sa chemise peignoir aux faveurs tri-
colores. C'est pas elle qui

....

boudera la besogne, on sou-
tiendra la renon.mée de la
maison et tetons hauts : Madame peut être tranquille,
on sait ce qu'on doit à son
honneur.

Dame... on n'était plus
comme à vingt ans ! quand on
faisait ses quatre louis par
jour et qu'on donnait deux
cents balles la semaine à un
petit monstre d'homme, un
gars dans la boucherie, ancien
marchi-chef aux spahis... le
Moëlleux de Belleville, Gus-
tave Lecouflet, qui lui servait,
aux sorties de quinzaine, un
amour salé de bécots et de
coups de bottes, dont elle ren-
trait tout heureuse et meurtrie. On était alors la belle
Félicia, la plus forte gagneuse

du Joubert; mais bast, elle en
avait soupé des hommes, tous
des feignants qui lui crevaient
la peau et l'auraient endettée
jusqu'à sa dernière *liquette*;
sans même un remercîment,
un de ces petits mots gentils
qui remuent le cœur des femmes... et donnent envie de
pleurer. Les femmes, autre his-
toire ; elle avait bien essayé,
pardine, comme les autres...
ça l'avait·dégoûtée à cause de
l'odeur. Aussi, au jour d'aujourd'hui, elle était sérieuse,
une travailleuse d'arrache-
pied avant tout, tout âme à
l'ouvrage, mais plus de lubie,
plus de romance, plus de coup
de cœur :

Je n'ai gardé dans mon malheur
Que l'amitié d'une hirondelle.

....

Et tout en essuyant, d'un
revers de main, ses grosses
lèvres sucrées d'un reste de
liqueur, de la liqueur des
îles; qu'elle sirote en cachette
des autres et de Madame, une
gourmandise à elle, — après
tant de chagrins une consola-
tion est toute naturelle, — la
grosse Hermance inclinée en
avant, ses deux seins nus
s'écrasant étranglés dans ce
mouvement qui lui tasse la
taille, passe avec un effort,
des longs bas de fil rose, et
boucle au-dessus du genou
une magnifique paire de jarretières tricotées à la main,
bleu, blanc, rouge de France,
aux couleurs du drapeau.

On est putain, mais patriote,
et l'on manifeste où l'on peut :

ce n'est pas toujours le grand
anniversaire de 1789 ; d'abord
y a des clients, de la province
surtout, que ces choses-là
émeuvent. Ça leur remue la
fibre, à ces hommes de la revanche, et puis ce sont ses
principes, à cette fille ; plus,
elle a même des sentiments
religieux; à preuve ses glo-
rieuses jarretières, le jour de
l'enterrement de M. Victor
Hugo (entre parenthèses la
plus belle recette qu'ait jamais
faite le claque). Sachant ce
qu'elle devait au deuil de la
patrie, elle les avait arborées
ces fameuses jarretières, mais
avec un rien en plus pour
marquer le sentiment des
âmes, une manière de
nœud de crêpe, comme

aux têtières des chevaux.

Les vers d'abord, la poésie et les poètes, ça lui transportait l'âme. Les siens de poètes étaient un nommé Lamartine, un grand homme politique, un M. de Musset, qui comprenait les femmes, et M. Jean Rameau... Depuis six mois la maison avait pris un abonnement à un grand journal qui publiait tous les matins des portraits de femmes, en *madrigaux!* Être célébrée en vers en tête d'un grand journal, y en a pourtant qui ont de la chance. Ah! faire la connaissance d'un journaliste qui apprendrait son nom aux quatre coins de Paris, trouver un homme du métier qui, à dé-

faut d'un quatrain, voudrait
lui consacrer un écho de
journal... mais le moyen ?
Peut-être qu'en allant danser
le soir au bal des Capucines,
ça regorgeait de gens de
presse ce coin-là... mais oui,
le moyen... en plein coup de
feu des clients, en plein ouvrage... et un jour comme
aujourd'hui, allez donc vous
faire remplacer même en
payant. Ah ! si c'était demain, le lendemain du 14
tous les claques ont campo !
Et mélancolique, Hermance
s'abandonne, et, les mains
inertes, en oublie de boucler
ses jarretières patriotes.

Une voix dans l'escalier :

— Allons tout le monde en
bas, v'là des clients, tout le

....

monde au salon, Blondine,
Hermance, Cora.

— Malheur, n'est pas neuf
heures et voilà que ça com-
mence.

Les délicats sont malheu-
reux.

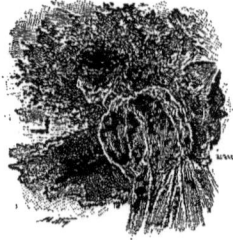

La Truqueuse du bois

A la Porte-Maillot, à l'entrée du Bois... neuf heures du
soir.

Sous les ombrages à demi
éclairés de la grande avenue,
des promeneurs vont et vien:

nent, des silhouettes passent,
repassent et s'effacent : petits
bourgeois du quartier des
Ternes venus respirer là, en
voisins, à la fraîche ; lignards
de Saint-Cloud en permission
de minuit s'attardant à en
griller une avant d'aller faire
un tour à la fête : la fête de
Neuilly, dont le lointain
balaboum boum tonitrue au-
delà du restaurant Gillet, em-
pestant l'air nocturne de fa-
deurs de gaufre et de friture
à la graisse ; sur les bancs, à
même le gazon pelé des pe-
louses, des familles entières
sont essaimées, croulantes,
familles d'ouvriers dont les
dessous de bras peinant depuis l'aube, dégagent des sen-
teurs rudes : derrière les mas-

....

sifs, le restaurant Gillet, plein
de bruit de vaisselle et de
noces, flambe *a giorno*, fenê-
tres béantes.

Dix heures. — On com-
mence à rentrer, moins de
familles sur les bancs, les promeneurs deviennent rares...,
les lignards seuls persistent à
s'attarder. Par intervalles,
quand une bouffée de vent
s'élève avec un léger frisselis
dans les feuilles, un lambeau
de valse-tsigane vient traîner
en soupir, écho d'Armenon-
ville où l'on dîne en musique,
puis le brouhaha forain reprend sur ce soupir. L'avenue
plus obscure s'enfonce, immense, bleuâtre, comme dans
un parc de féerie. A l'entrée
des contre-allées sous bois,

....

de place en place, une ombre
féminine apparaît et sta-
tionne ; une plus hardie déam-
bule dans l'avenue, deman-
dant du feu aux promeneurs.

*Une femme en cheveux à une
autre :*

— Dis donc, Gœtty, qu'est-ce
qui est de service ce soir,
c'est-y cent-douze ?

— Non, y a pas de pet, c'est
Bendalaise... tu peux mon-
trer tes mires, avec ça qu'y a
de l'orage, on fera de l'or
ce soir... Qu'eu qu'tas déjà
fait ?

— Moi, trois clients...
cent sous, un turbin et deux
pantes.

— Chouette (*voyant passer
une silhouette d'homme*) bon
v'là un client !

— Ne te dérange pas, c'est
un amateur, un client qui ne
fait rien lui-même, mais qui
paie pour voir, un client de
Mathilde.

— Un *amat* à la braise?

— Un client d'une *thune*,
mais n'aime que le militaire!

— A propos le flic cent
dix-neuf, qui est si dur, tu
sais, la grosse moustache
brune, je l'ai fait en voyeur!

— Parole... bon, un client
à moi, le gros qui est arrêté
au milieu de la route, j'y
vas... bonne chance, à tout
à l'heure.

(*Les deux ombres se quittent.*)

Les valses se sont tues...
les feuillages, effleurés d'un

liseré de lumière, car la lune
s'est levée, moutonnent sur
un ciel transparent comme
dans un décor ; en passant on
frôle sur les bancs des groupes
enlacés qui, à votre approche,
ne se dérangent pas, mais
soupirent moins fort ; dans
les taillis des bruits de hanches et de chairs froissées
craquent, incitante sourdine :
ce coin de basse prostitution,
sous ses frondaisons à la fois
dormantes et lunaires, semble
une allée de la forêt du Rêve ;
comme un parfum d'idylle
flotte dans l'air nocturne ; sur
le sable courent, légères, presque silencieuses, des roues de
victorias et de byciclettes : retour de la Cascade ou du chalet
du cycle !

....

Il est onze heures.

(Deux ombres de femme.)

— Dis donc, Gœtty, y a-t-il
encore des biffins dans la petite contre-allée; j'ai client
chic, un louis pour un voyeur.

— Des militaires... maintenant, tous rentrés, rien à
faire... Ça pleut donc, ce soir,
les amateurs!

— Et mon type qui s'impa-
tiente... Perdre un louis, c'est
enrageant; ton homme mar-
cherait-y pour deux thunes en
voyeur?

— Oui, si tu veux empo-
cher une baffre, parles-y de
ça; le tien marcherait-il, vas-y
lui demander, alors.

— Oh! si le mien était là!
et le type qui se fait vieux...

....

quelle guigne! oh malheur!

— Ecoute, part à deux,
entretiens le type, je vas
courir jusqu'à la gare cher-
cher Nénest, le marchand de
programmes de chez Bidel, y
démarre pas avant une heure...
Cent sous pour lui, à nous
deux le reste... C'est dit.

— Hé oui, vas-y, fais vite.

(Les deux ombres se quittent)

L'avenue, toute agrandie
de clair-de-lune, est absolument déserte, les bancs sont
vides, chez Gillet on ferme...
Accroupie devant une fontaine
Wallace, Gœtty, la truqueuse
du Bois, une main passée
sous ses jupons, fait ses ablu-
tions de nuit. Dryade moder-
niste de l'an 1896, les bois

....

sont son alcôve, les sources sa
cuvette; au loin, du côté des
fortifes, on entend gueuler
un pochard, il est une heure.

La Cocosotte

« Moi d'abord, ze n'aurai pas d'enfant, ze l'ai dit à mon mari, parce que les enfants ça détruit la beauté. »

Cette profession de foi de jeune volaille, à défaut du

ton zézayant et câlin dont
elle est faite, vous classe
immédiatement la femme :
c'est une Cocosotte.

Jeune, de vingt-deux à
trente, mariée depuis peu et
toute nouvelle encore dans
son ménage, la cocosotte est
essentiellement parisienne : le
mari, généralement employé,
ingénieur ou architecte de la
Ville, dans les six à huit mille
d'appointements, trime comme
un forçat pour subvenir au
luxe illusoire de Madame,
dont le père dans les affaires,
courtier ou financier marron,
a négligé de verser la dot
et oublie régulièrement d'en
payer depuis la rente annuelle.

Elevée dans la maison pa-
ternelle sur un pied de cin-

quante mille livres de revenus, chevaux, voiture, loge
aux Français et maison aux
bains de mer, la Cocosotte
apporte en mariage une corbeille estimée sur contrat
trois mille louis et n'a pas
même cinq cent francs de
rente : c'est la femme légi-
timement entretenue d'une
petite bourgeoisie, aisément
éblouie par le luxe en façade
des gros faiseurs d'affaires,
finances et commissions, le
juste châtiment des beaux
coureurs de dot, la revanche
des jolies filles pauvres, dé-
daignées pour les gros yeux
métalliques des cassettes.

— Moi, d'abord, z'ai été si
gâtée, mon papa m'adorait,
ze faisais tout ce que ze vou-

....

. lais, il n'aurait pas souffert
que ze travaille à quèque
zoze », bêtisait encore hier en
ma présence un des modèles
du genre, « moi, d'abord, ze
suis paresseuse, moi, z'aime
à rien faire, moi, ze suis
gourmande, moi, il faut qu'on
me gâte, moi z'aime qu'on
me câline, n'est-ce pas, petit
vieux », continuait la char
mante enfant en louchant du
côté de son mari, « moi, ze
suis un obzet de luxe, une
femme inutile... moi... moi...
moi ! »

Un objet de luxe dans
un appartement de douze
cents francs de la rue de
Moscou avec une bonne à
tout faire, confectionnant dans
une soupente un vieux bœuf

aux olives et d'inquiétants
fritots de volaille aux relents d'oignon, qu'importe.
La Cocosotte vous parle im-
perturbablement et de sa
femme de chambre et de sa
cuisinière, mais en l'absence
d'Adèle, *sortie faire le marché*,
Cocosotte ouvre elle-même sa
porte, en train de se ma-
quiller, la tête à moitié faite,
dans un peignoir rose pâle
ou lilas, sur lequel ont marqué
toutes les sauces du ménage;
elle entête d'ailleurs l'œillet
blanc, l'héliotrope et le crable-
apple, mais le jour où vous
y déjeunez, violenté presque
par le mari, vous trouvez du
cold-cream au fond de la
salade et une fausse dent dans
le hachis.

....

Affolée de luxe et d'élé-
gance, délirante de chic et
courant toute la semaine les
soldes du Printemps, du Bon
Marché et du Louvre, attifée
de coupons et d'occases, coiffée
de fleurs sans date et de plumes
de rebut, c'est l'extraordinaire
Greenaway, mi-portrait de
l'Empire, mi-bergère des Alpes,
que vous rencontrez sur les
tramways sous un chapeau
tromblon enguirlandé d'iris,
en manches à gigot pointant
vers les cinquièmes, à la main
une ombrelle à manche de
vieil ivoire, cinquante louis
chez Bing et douze francs
Place Clichy, et, dans cet
équipage, causant du dernier
bal de la princesse de S...
avec un souillon de bonne

qui porte dans un panier
quinze sous de jambon d'York
et une botte de radis.

Oh ! il fait maigre chère, le
mari de Cocosotte, mais pendant qu'il peine à son bureau,
il songe qu'elle est au Bois,
en voiture de maître ; madame
a une amie qui l'emmène tous
les jours paonner au persil ;
il songe qu'on l'admire, qu'elle
lunche chez Gagé, que d'autres la trouvent jolie et ça le
console, le pauvre ami ! Sa
femme a de si belles relations,
sa femme est d'une si bonne
famille. L'hiver, ça va encore.
Dans les bals où il la conduit,
il dine au buffet et peut em-
plir ses poches, mais à partir
de la fin mai, plus rien... on
fait tout en pique-nique parmi

les jeunes ménages de la société de sa femme, pique-nique
·à Saint-Germain, au pavillon
Henri IV, pique-nique à l'Es-
turgeon, dans les bois de
Poissy, pique-nique même à
la Tour Eiffel et, comme il
faut payer, 'dame, tout le
temps, ça rate, mais Cocosotte
s'en console en racontant à
tous qu'elle était de la
partie.

Cocosotte, vous l'avez de-
viné, pinnote, méthode de
Marmontel,˘ et se nourrit de
romans ; ses auteurs favoris,
Henri de Rabusson, Marcel Prévost, Abel Hermant, confon-
dus souvent par elle avec Ohnet
et d'Annunzio qu'elle lit dans
la *Revue.*

Comme femme d'ingénieur,

elle met la Tour Eiffel bien
au-dessus de Notre-Dame et,
comme femme d'architecte,
l'Opéra Garnier bien au-
dessus de Cluny; elle vole
avec sa cuisinière sur l'argent
du ménage pour s'acheter des
chemises garnies et madame
a un jour, un jour le ven-
dredi, pendant lequel, roulée
dans un flot de dentelles, elle
reçoit, étendue sur une petite
chaise-longue, les amants de
sa mère et les amies de ses
amies; dépensière et liar-
deuse, elle fait la joie du
quartier et sa concierge en
parlant d'elle prend sa robe
à deux mains et mime des
plongeons, des révéren-
ces.

Bonheur de rue, douleur de

maison ! Graine de divorce
et d'adultère, Cocosotte est
la plaie des ménages de
Paris.

Monstrillon

Fin juillet, commencement
d'août, par cette température
africaine, où comme un souffle
de feu détraque les cerveaux,
fait flamber le rut des vieux
alcooliques, et, décageant la

....

bête dans l'homme, nous vaut
aux quatre coins de Paris une
immonde éclosion d'attentats
et de viols, dans cette quinzaine terrible aux petites filles
couraillant le soir au bord du
canal de l'Ourcq, et aux petits joueurs d'accordéon de la
barrière d'Italie, il m'a été
donné de rencontrer Mons-
trillon, la fausse petite éco-
lière aux doigts intention-
nellement tachés d'encre, à
l'unique et chaste natte fleurie
d'un ruban, Monstrillon, l'hor-
rible petite prostituée de
douze ans, élève de sa mère,
celle qui charrie par la ville
l'air empesté de la luxure, et,
titillante et frôleuse cantha-
ride, va, sollicitant de la
hanche et du coude, les

mains tâtonnantes et séniles
qui se refermaient; il y a
six ans dans le spasme, étran-
gleuses, sur le cou strié d'ec-
chymoses de la petite Neut.

Monstrillon !

Je venais de m'installer
dans un wagon de première
de cette laide et populacière
ligne de Vincennes, No-
gent-sur-Marne, Joinville-le-
Pont, etc. C'était le train de
midi cinq : une chaleur de
fournaise, enflammée, suffo-
cante, surchauffait les coussins poussiéreux du wagon.
Le convoi s'ébranlait déjà ;
tout à coup, la portière s'ou-
vrait à toute volée, se refer-
mait de même ; dans le train
une petite fille était assise en
face de moi.

7

Douze ou treize ans au plus,
un sarreau de serge noire sur
une petite robe de percale, la
poitrine plate, un paillasson
de quinze sous sur un front
obstiné et bombé de petite
femme : et, sur le dos, l'inévi-
table natte et son bout de
ruban, irrésistible hameçon,
parait-il, tendu à la salicité
des vieux ; sous le bras un
cartable... tenue de petite
fille allant encore à l'école ou
revenant du cours !

L'affaire de la petite Neut
est encore si récente que,
machinalement, je regardais
cette gamine, m'étonnant en
moi-même de l'imprudence de
parents laissant circuler seule
une enfant de cet âge sur une
ligne d'équivoque banlieue ;

....

la petite aussi me regardait;
pis, elle me dévisageait.

O la muette interrogation,
l'irritante et pénible insistance
de ces grands yeux clairs et
bruns appuyés sur les miens!
— car ils savaient, ces yeux,
ils parlaient, persiflaient presque mon immobilité, mon
silence, — et quand, à la fin,
gênés de mon regard, ils se
fermaient, battant des cils et
des paupières, imperceptible-
ment la bouche, d'un rose
très pâle, souriait.

La petite avait maintenant
tiré de dessous son tablier un
tout jeune chien, un toutou
noir d'un mois à peine, un
minuscule épagneul aux bons
yeux ronds et qui, tout pa-
taud et lourdaud, trébuchait

....

sur les coussins puis ·roulait
sur le dos, étalant, les quatre
pattes en l'air, un petit ventre
innocent et rose de bestiole,
tacheté de brun, comme truffé.

Et Monstrillon jouait avec
ce chien, le pressait dans ses
bras, l'enfouissait dans son .
giron, le mangeant de baisers,
de dévorantes caresses, partout, sur le museau, sur les
oreilles, sur le ventre, comme
prise d'un besoin fou d'aimer,
et, à chaque baiser, son regard se posait· sur le mien,
ses yeux me vrillaient, obsé-
dants, et sa bouche souriait,
toute pâle. Mieux, en folâ-
trant, elle s'était renversée,
étendue tout de son long sur
la banquette, sans souci de sa
robe remontée jusqu'au genou,

et ses jambes frôles, gantées
de bas noir, jaillissaient maintenant comme deux pistils
d'ombre du calice entrouvert
de ses jupes; et à chaque
minute, dans cette folle partie
avec son jeune animal, son
genou frôlait mon genou, ses
mollets s'enchevêtraient entre
mes jambes, appelant une
excuse, un : ô pardonnez-moi!
qui engageât l'entretien entre
nous deux, dans le désert de
ce wagon étouffant.

Cela tournait à l'obsession,
au cauchemar : la solitude
avec cette fillette effrontée
commençait à me peser, à
m'angoisser comme un ma-
laise; je me levais et allais
me tapir au coin opposé du
compartiment : « Vincennes. »

....

La petite se redressait brus-
quement, rabattait·ses jupons,
puis, s'emparant de son chien
et de son cartable, sautait
lestement à terre avec un
grand éclat de rire.

Elle' faisait quelques pas
sur le quai de la gare, puis,
avisant un petit homme poivre
et sel,· à tournure militaire,
ragot de taille et pourtant
encore vert, l'air d'un officier
en civil qui, en descendant,
l'avait fixée, elle se décidait à
donner son billet à l'employé ;
et, cinglant d'un coup d'œil
l'inconnu, se mettait à mar-
cher,   dandinante,   devant
lui.

C'était sur une·grande route
poudreuse de banlieue, toute
blanche sous le soleil de midi,

au bout se profilait une guin-
guette à bosquets et tonnelles :
« Vins du pays et bière » et
la petite dodelinait de la
croupe et de la tête, l'air
d'une fourmi, dans la blan-
cheur crayeuse du chemin : le
vieux, à moustaches cirées,
après une hésitation, maintenant la suivait ; il hâtait
même le pas visiblement, le
vieux, et la petite, elle, raien-
tissait sa marche... le train
repartait avec son ébranle-
ment de ferrailles, mais nul
doute que le vieil amateur de
fruits verts n'ait offert un ra-
fraîchissement à la petite,
une fois au haut de la côte,
et que le Monsieur et sa jeune
conquête n'aient bu ensemble
la groseille au vin des amours

de rencontre sous les tonnelles
en berceau de l'équivoque bou-
chon.

Fleur-de-Luxe

  A Luchon, au Chalet Spont,
devant le plus splendide horizon de montagnes qui soit
au monde, devant le port de
Venasques découpant en plein
ciel la crête neigeuse des gla-

....

ciers et le gris violet des
roches transparentes, Fleur-de-
Luxe est installée, cette saison.
Charmante et grande, avec
un profil délicat et comme ci-
selé, des cheveux soyeux d'un
blond presque rose, et, au bas
de sa taille souple, la lueur
froide d'éternelles ceintures
d'argent mat, barrant d'une
dureté de métal l'impondé-
rable et le flou de légères
robes de nuance mauve. Fleur-
de-Luxe est en demi-deuil. Les
parfums qu'elle exhale ont
même quelque chose d'at-
tendri et d'honnête. Elle sent
le citron, la scabieuse, l'iris
et la fraîcheur des chairs sor-
tant du bain : l'eau froide et
le tub. Dans son chalet revêtu
de sapin vernissé et tendu de

toile de Gênes, comme elle
donne l'impression d'une créature exquise et très chère; ses
mains d'un blanc de soie,
fines et longues, sans une
bague, sa nuque duvetée, ses
oreilles roses d'un rose de co-
quillage sans un bijou, la
délicatesse de son teint, tout
en elle est d'une simplicité
rare et ruineuse; sa peau
semble valoir cent mille francs
et le moindre de ses mouve-
ments, d'une lenteur flexible,
a été sûrement étudié chez un
maitre à danser de l'Opéra au
cachet d'un prix inabordable.

Elle a d'ailleurs coûté quelque chose comme deux ou
trois millions au général
de F..., la jolie madame M...

Quand, bel et bien mariée

....

à un receveur des finances de
province, elle avait, petite
bourgeoise ambitieuse et ferrée
sur la valeur des choses, planté
là famille et mari pour suivre
notre fringant officier supé-
rieur, cet enlèvement fameux
dans le scandale d'une exis-
tence scandaleuse avait valu
à l'amoureux sa démission de
l'armée et la vente de Mayrar-
gues, en Provence, un do-
maine patrimonial de cent
cinquante mille francs de
rapport, plus le fameux procès
en séparation du général et
de la générale. Le général
mangé, la jolie Mme M...
s'était mise avec Hemmely,
Edmond Hemmely, le grand
marchand de cognac de Rodez ;
elle avait vécu là deux ans en

tête-à-tête avec le nouveau
propriétaire, n'apparaissant
qu'un mois, mi-mai, mi-juin
à Paris, et en août-septembre
à Biarritz, impeccable et in-
soupçonnée. La troisième
année, Edmond Hemmely
mourait, lui laissant par testa-
ment les dix-huit millions de
sa fortune. La famille Hemmely, dépouillée, essayait bien
d'intervenir, procès, plainte
au parquet, avoués et procé-
dures. Pour en finir, la jeune
femme s'arrangeait avec la
famille, abandonnant la moitié
aux demandeurs et se conten-
tant de dix petits millions
pour sa part de lionne. Elle
avait d'ailleurs religieusement
porté le deuil rigoureux des
veuves de province. Dix-huit

....

mois de crèpes. Et c'est son
demi-deuil de jolie millionnaire, violet pâle, héliotrope
et mauve, qu'elle est venue
achever cet été à Luchon. Le
prince de S***, qui l'accom-
pagne, et le petit duc de R***,
qui est son hôte à la villa,
comptent bien le lui faire
éclaircir, ce demi-deuil somp-
tueux de l'adultère. Voilà
déjà trois mois qu'ils lui font
cortège, délaissant pour elle
et la partie de club et les
tuyaux de course. Cela commençait en avril, à l'Hippi-
que, continuait en mai, soit
au Salon, soit le matin au
Bois, puis en juin à Fontaine-
bleau où la dame a été respirer quinze jours, et cela se
continue à Luchon, dans ce

merveilleux panorama des
Pyrénées; et depuis trois
mois qu'ils s'observent en
chiéns de faïence, escortant
et surveillant partout la belle,
l'accueillant dès l'aube au pavillon de la Buvette, pour ne
la quitter ensemble que le
soir, à l'heure où elle rentre
du Casino, aucun d'eux n'a
encore le droit de prendre en
pitié son rival. Fleur-de-Luxe
n'a rien accordé, pas'ça; toujours svelte et délicieuse dans
ses légères robes de deuil, elle
les écoute plaider chacun leur
cause, encourage celui-ci d'un
geste, celui-là d'un équivoque
sourire, et, comme retirée en
elle-même, les mène tout dou-
cement au mariage, à travers
les haltes et les relais d'un

8

long flirt illusoire. Fleur-de-
Luxe est née honnête ; si elle
avait eu 100,000 francs de
rentes dans son berceau, elle
n'eût jamais cueilli les roses
de l'adultère. La pauvreté met
le crime au rabais, la médiocrité des situations bourgeoises
cote les chutes des femmes
et supprime la fantaisie de
l'amour. « Pas de vice inutile »
a été la devise de cette pra-
tique adultère. Aujourd'hui,
Fleur-de-Luxe est mûre pour
le mariage à l'église et l'entrée triomphale au faubourg
Saint-Germain dans quelque
historique hôtel.

Fille entretenue hier, elle
sera demain altesse, et alors,
qui sait ? Nous la retrouve-
rons peut-être un jour à Saint-

Pétersbourg, amie de quelque
grand duc barbare et raffiné,
un' de ces Cosaques fin-de-
siècle qui ne comprennent
que l'amour à trois et ne
savourent les baisers que pi-
mentés par la présence d'un
tiers qui attend son tour et
regarde.

L'Hospitalière

Elle a été adorablement
jolie, paraît-il, autrefois sous
l'Empire, cette grosse Bel-
Accueil; ses amis l'affirment
et l'on voudrait les croire. La
jolie femme a cependant peine

à se reconstituer dans la ro-
buste commère, forte téton-
nière et haute en couleur, dont
les violentes toilettes rouge et
bleu, noir et jaune, cerise et
vert, de tons osés et tran-
chants, troublent littérale-
ment l'optique en décompo-
sant l'atmosphère.

Ses ennemis l'accusent de
se raser et les indifférents de
bien autre chose : ce serait un
premier mari mis à mal en
duel par le second et le second mort de mort subite ou
tout au moins équivoque dans
un voyage en Macédoine ;
mais

Les méchants propos
N'émeuvent que les sots.

Toujours est-il que cette

chère marquise est veuve et
porte allègrement son veu-
vage.

A Paris, l'hiver, son petit
hôtel de la rue Fortuny est le
centre de joyeuses redoutes,
redoutées des seules mères de
famille et des seuls maris pru-
dents; après souper on y
pince, dit-on, de lestes rigo-
dons et même quelquefois
autre chose. Toute mousta-
chue et quelque peu saurée
qu'elle soit par la cinquan-
taine, Bel-Accueil n'a pas
encore renoncé à tout désir
de plaire. A Dieppe, sa villa
de la falaise, *une véritable
bonbonnière;* comme le zézaient
en minaudant ces dames, —
d'une élégance en somme
assez facile, la villa bonbon-

nière, toute d'andrinople et
de toiles de Gênes — voit dé-
filer, durant trois-mois d'été,
un mélange éloquent de vieux
pannés de grands clubs et de
jeunes rastas de petits cer-
cles.

Le passé et le présent.

La marquise a beaucoup de
relations, d'ailleurs, la devise
inscrite en lettres d'or sur le
fronton de sa villa en dit
assez sur son humeur aima-
ble :

Pax hominibus bonæ voluntatis

Traduction libre : A qui
veut bien, nourriture et loge-
ment. Elle est hospitalière,
on ne refait pas un tempérament, elle raffole naturelle-

....

ment des pianistes et des
mages, croit aux esprits...
frappeurs, les regrette surtout
et a pour commensaux favoris
et fervents, le Sar Peladan
et M. Jacques du Sautoy.

Influence du Sar, des indis-
crets affirment que dans le
cabinet de toilette de la dame,
tout en mosaïques polychromes
arabes (démolitions des pavillons de l'Exposition), — la
pièce la plus soignée d'ailleurs de la maison, le cabinet
de toilette — cette devise du
Coran, gravée dans la mu-
raille, surmonterait la niche
où gît le meuble intime des
intimes lavages. Je traduis
pour les ignorants :

Lave-le et il deviendra blanc comme
[neige

Mais tout cela est calomnie
pure; cette chère marquise
est la meilleure femme du
monde, aimante et charita-
ble, s'intéressant aux humbles
comme aux riches; ses dîners
sont exquis, son hospitalité
large, et sa générosité, bien
connue du Baby-Club à Paris,
s'étend jusqu'aux matelots de
Dieppe et de Fécamp.

Depuis les mathurins du
port jusqu'aux douaniers de
la falaise, il n'en est pas un,
un peu solidement bâti, qui
n'ait eu à se louer des bontés
de la dame. Sa grande préoc-
cupation, chaque été en arri-
vant à Dieppe, est de trouver

dans le pays un homme honnête et musculeux, un marin
de l'Etat, libéré au besoin,
qui viendrait coucher la nuit
chez elle et assurerait la sécu-
rité de la villa; car elle est
assez isolée, la villa aux de-
vises bibliques et, dame, la
chère belle a quelquefois des
peurs la nuit. A la fin de la
saison, surtout, à la tombée
de l'automne, quand le casino
devient désert, au moment des
départs.

Excellente femme, un peu
trop peinte, l'air d'une fram-
boise roulée dans du sucre
sous son frimas de veloutine,
les sourcils au charbon et

s'égarant quelquefois sur la
tempe, les cheveux aile de
corbeau visiblement passés à
la teinture, la marquise reste
beaucoup chez elle, où elle
donne à diner et à danser à
toute la belle jeunesse, ne
descend qu'une fois par jour
sur la plage, le matin, à
l'heure de la baignade, s'y
installe, côté des hommes,
et fait une longue séance,
l'œil émerillonné, sa jumelle
de théâtre à la main (le
maître baigneur appelle cela
l'absinthe de Madame), remonte de là à sa villa et ne
reparaît plus de la journée au
Casino, à moins de soirées au
bénéfice des retraités ou des
orphelins de la marine. La
marine et les orphelins l'inté-

ressent : c'est son éloge et
c'est son droit. Parfois, vers
les cinq heures, la rencontre-
t-on sur les jetées, flanquée
de son escorte d'hommes ra-
vagés et élégants, la canne à
la main, la grosse canne des
femmes de Trouville et Deau-
ville, sous l'Empire, dont elle
a gardé l'allure et le jupon-
nage extravagant, le verbe
haut, et étalant en plein 1896
les grâces dix-septième siècle
d'une duchesse Duras promenant les engageantes toilettes
de la bonne faiseuse sur les
estacades de Dunkerque. Née
grande dame et grande dame
demeurée, tout est grand,
affirme-t-on, chez elle, l'ap-
pétit comme le dévouement :
énigme et mystère, quoique

....

admirable amphitryonne et
donnant bien plus de diners
qu'elle n'en accepte, est appe-
lée, par ses intimes : l' « Es-
tomac reconnaissant. »

La Moulue.

« Ah ça, vous n'avez donc
pas de femmes chez vous ? »
Et bousculant la cohue des
badauds, rastaquouéres et pro-
vinciaux en goguette faisant
la haie sur son passage, La

....

Moulue grasse, blanche et
moulée dans sa petite robe
d'étoffe noire, fend la foule,
impassible, et la main ap-
puyée sur l'épaule de la
Môme-Fromage, promène in-
solemment sur tous ces mâles
en rut un regard de belle fille
sûre d'elle-même, qui a connu
tous les dégoûts.

Décor : le jardin de l'E-
lysée, les glaces du Moulin-
Rouge ou les massifs incen-
diés de Jablockhof du Jardin
de Paris!

La Moulue !

Et, jaillissant de la toufleur
des jupes au pillage, d'un re-
mous de dentelles et de dessous coûteux éclairés de rubans
de nuances attendries, une
jambe se dresse, droite levée

vers le lustre : une jambe au
port d'armes, soyeuse et bril-
lante, qu'une boucle de dia-
mants mord au-dessus du
genou ; et la jambe se tré-
mousse, joyeuse et spirituelle,
lascive et prometteuse, avec
son pied mobile et désarti-
culé, mimant comme des sa-
luts aux badauds s'écrasant à
l'entour.

Le Chahut et les *Chahu-
toirs*, ces immenses rendez-
vous d'ennuyés et de filles,
La Moulue en est l'étoile :
l'étoile de Montmartre levée
au clair de lune du Pierrot
de Willette au-dessus des
buttes du Sacré-Cœur, et des
ailes fantômes des défunts
moulins ; gloire cynique faite
à la fois de caprice et de boue,

9

....

fleur de cuvette prise dans un
jet de lumière électrique et
tout à coup adoptée par la
mode et la vogue : la vogue,
cette aveugle quelquefois gué-
rie, qui pendant dix ans a
passé, sans rien voir, devant
les affiches de Chéret et ne
découvre une femme qu'une
fois roulée dans les vagues
de la prostitution.

Struggle for life, truc for
life : La Moulue a été cette
lutteuse et cette truqueuse
aussi. Toute jeune, avant qu'il
fut de mode de souper avec
elle dans les cabarets cotés,
elle a connu les heures de
guet et d'attente inutiles sous
le vent et la pluie, en souliers
prenant l'eau, à l'angle des
trottoirs. La correctionnelle a

juge ses démêlés avec Julot :
Julot, le' monstre d'homme
adoré, trop beau pour rien
faire, qui lui servit longtemps
dans les hôtels meublés un
amour salé de baisers et de
coups de bottes, dont La
Moulue, aujourd'hui arrivée,
a gardé le persistant souvenir
dans sa chair heureuse et
meurtrie.

Il cire les bottes du client,
maintenant, la terreur de sa
jeunesse, cuisine la soupe aux
poissons du souper et, le
miché parti, reprend auprès
de sa maitresse les droits de
son emploi : maitre-queux de
la maison.

Une bonne fille, d'ailleurs,
La Moulue, et demeurée peuple, du ruisseau et de la rue

....

où vagua son enfance, où
éclot sa jeunesse. Exemple,
cette fille qui porte des dessous de vingt-cinq louis, les
dessous affriolants qui sont le
poivre et le piment de sa
danse, n'a jamais pu renoncer
au corset de dix francs des
petites ouvrières, le pauvre
petit corset en coutil gris de
ses seize ans. On croit qu'elle
adore les truffes et le champagne ! Elle les a en horreur,
les plats compliqués lui donnent des nausées ; mais parlez-
lui de vin au litre et d'une
salade de cervelas crus, vous
verrez ma Moulue flamber et
pétiller : essayez de l'emmener
à souper, d'ailleurs !

Les petites amies disent
qu'elle se ménage. La Moulue

préfère souper chez elle ; si
vous voulez la voir danser
pour vous seul le pas de l'in-
timité, il faut vous résigner à
être son invité. Julot aura
pour vous tous les égards dus
à votre âge, il n'interdit
Madame qu'aux mineurs ;
passé vingt ans, pas de béguin
possible.

Dernière nouvelle, La Moulue est femme de cheval ; depuis un mois elle est propriétaire d'un buggy attelé, qui la
mène le soir au Jardin de
Paris et que l'étoile conduit
elle-même ; Julot, groom à
tout faire, l'attend à la sortie.

A quand La Moulue condui-
sant son boggy au persil ?
Jusqu'ici elle se contente, le
matin, de faire, au pas, le

tour du cimetière Montmartre,
Julot, derrière, donne des
conseils. Pas très ferrée encore dans l'art de rassembler
les rênes et d'appuyer à droite
ou à gauche, notre Etoile, et
d'une timidité, avec cela !
Aperçoit-elle un ami, comme
prise en flagrant délit, la
voilà qui rougit comme fraise,
perd la tête et, comme elle
l'avouait hier elle-même :
« Non, ce que je me sentais
bête, je bafouillais, mon
vieux ! » Somme toute, le ré-
séda de Jenny l'ouvrière trans-
planté chez Zidler, un cynisme
inconscient de gouapeuse de
Montmartre et une âme d'enfant.

Fleur-de-Chic

Le mois d'août a sonné le
glas de ses succès : le petit
prince à Spa, le gros marquis à Aix, Gaston, Guy et
Gontran dans de vagues re-
traites, trous de falaise ou

hameaux de montagnes, où
ils refont au vert leurs bud-
gets et leurs moëlles, Fleur-
de-Chic, que sa médiocrité
retient au rivage, n'ira plus
d'ici trois mois à cette grille
du Bois, témoin, tout ce
printemps, de ses flirts prin-
ciers.

Était-elle assez charmante
ce dernier mois de mai,
quand drapée de souples
foulards des Indes, adorablement mince et Parisienne
sous d'immenses chapeaux de
dentelles froncées, elle arpen-
tait, flanquée d'un escadron
volant de jeunes et vieux
seigneurs, le Cercle des Panés
et l'allée de la *Plage*.

L'œillet jaune à la boutonnière, le stick à pomme d'or à

la main, tous mis à peindre
dans leur complet fleur-de-
pêche ou poussière, quel
cadre ils faisaient tous à ses
élégances' subtiles. C'étaient
des haltes au Pavillon Chinois,
des rendez-vous pris pour le
soir au pavillon d'Armenon-
ville, des luncheons chez
Gagé, des saillies d'atelier,
des potins de coulisses sou-
lignés d'une fusée d'éclats de
rire, ou bien quelque grosse
inconvenance chuchotée dans
sa nuque et alors accueillie
par deux grands yeux d'enfant, si stupidement naïfs que
tous ces messieurs en avalaient
leur canne et la déclaraient à
crever.

Naïve ? Au fait peut-être :
un esprit de rapin, un bagout

....

de modiste et au fond une
grande ignorance de la vie et
des hommes, une réelle hon-
nêteté.

Jolie? non, mais pire : une
grande bouche, un grand nez,
de la maigreur et je ne, sais
quelle gaucherie de cavale
dégingandée, mais les yeux
les plus touchants du monde,
long fendus, long cillés, à la
fois hardis et candides et si
facilement mouillés de larmes
que la raillerie en demeure,
désarmée. De la fraicheur ?
non, de la poudre et des
poudres, mais une ligne de
cou, une nuque de femme de
Watteau, une façon à elle de
relever là-dessus des cheveux
châtains, hélas oxygénés, et,
à travers ce mélange heureux

parfois de naturel et d'artifice,
une grâce, une souplesse, une
harmonie inattendue d'atti-
tudes et de gestes, faisant de
cette poupée du quartier de
l'Etoile une délicieuse créature
d'Helleu.

A qui d'ailleurs n'a-t-elle
pas servi de modèle ! Helleu
l'a cent fois peinte sans vouloir l'avouer, Jacques Blanche
est plein de ses réminiscences
et Forain s'en est inspiré ;
elle-même enlève avec succès
des études d'œillets, de pi-
voines et de chrysanthèmes,
d'après les formules japonaises
de Madeleine Lemaire et
d'Abbéma, heureusement mê-
lées ; dans le bel appartement
que sa famille occupe avenue
Malakoff, elle s'est, avec des

crèpons de Yeddo, quelques
soieries Louis XVI et quatre
ou cinq pochades, quelques-
unes signées, élaboré une
sorte d'atelier ; elle peint sur
éventails et reçoit des com-
mandes ; c'est son budget de
toilette, de quinze cents à
deux mille, qu'aux fins de
mois difficiles un oncle millionnaire et banquier vient
parfois compléter.

Elle sera riche un jour,
Mademoiselle Fleur-de-Chic,
son oncle liquidé ; en atten-
dant, les années viennent, et,
toute jeune qu'elle soit de
souplesse et d'allures, elle a
vingt-six ans sonnés.

L'hiver, le printemps surtout, oh ! ses journées et ses
soirées sont prises ; les invi-

tations pleuvent avenue Malakoff ; c'est à qui l'aura, à
son bal, dans sa loge, dans
son coupé au retour du Bois,
elle est si gomme et si déco-
rative ; pas de dîners sans
elle, dût-on avoir sa mère,
sans elle pas de soupers. A
partir de mai c'est bien pis ;
sans elle pas de pique-nique
un peu réussi ; c'est elle qu'on
rencontre, claire comme un
ciel d'été, sous de tapageantes
ombrelles, juchée sur l'impé-
riale des mails, entre d'en-
diablés sportsmen, à La Marche, à Achères et jusqu'aux
courses du Vésinet. Juin est
son triomphe ; flirteuse enra-
gée, capiteuse comme un verre
de champagne, elle est la joie
et l'entrain de toute partie

....

organisée. En juillet, de la
Celle-Saint-Cloud à Saint-
Germain, on ne voit qu'elle
dans les gares ; ressource de
toutes les maîtresses de maison
embarrassées pour amuser
leur monde ; s'ennuie-t-on à
la villa des Lions, des Syco-
mores ou des Coccinelles, vite
un télégramme avenue Malakoff, et Fleur-de-Chic arrive
dans la robe inventée hier,
ange sauveur des villégiatures
attristées.

Oui, mais à partir d'août,
on se soucie peu d'avoir
quinze jours à la mer, ou un
mois au château, à l'époque
des chasses, dans la promis-
cuité tentante de la vie quoti-
dienne, une aussi mousseuse
et captivante créature ; les

mères craignent pour les fils,
les sœurs pour les frères, les
femmes pour les maris. Que
poursuit Fleur-de-Chic, en
somme, à travers l'ondoiement
de tant et tant de toilettes?
Un beau mariage; à leurs dé-
pens, elle est donc l'enne-
mie.

Fleur-de-Chic est donc
condamnée à attendre l'automne ici, dans Paris désert
et ses avenues ensoleillées.
Fleur-de-Chic y usera ses
vieilles robes, escomptant le
retour des eaux et de la mer,
la reprise des hostilités pour
elle et, qui sait! l'heure des
représailles; car malheur à
qui l'aimera. Il payera, lui,
pour toute la société; c'est
une guerre à mort qu'on lui

a déclarée, il faut bien qu'elle combatte, Fleur-de-Chic est sans dot.

L'Hurluberluée

« Molasson ! où est Molasson » — C'est son mari
qu'elle appelle ainsi et réclame à tous les échos d'alen-

....

tour au grand ébaudissement
de la plage et à la plus grande
joie de ses quatre gardes du
corps, quatre élégants en
chaussettes de soie multico-
lore, pantalonnés de flanelle
rayée, le veston ouvert sur la
chemise de foulard sans gilet
et tous les quatre irréprocha-
blement coiffés de la casquette
yacht à galons brodés ainsi
qu'il sied le matin.

« Molasson ! où est Molasson ? » cocoricotte notre belle
agitée, et les quatre gardes du
corps de reprendre en chœur
en s'esclaffant : « Molasson,
où est Molasson ! » — Molasson est dans sa cabine en train
de se rhabiller, le pauvre
homme ! — Du samedi soir
au lundi matin, il absorbe en

grande hâte ses trois bains de
mer dans la journée du dimanche ; c'est sa façon de se
remettre, à lui, monsieur Molasson, et le lundi matin, sa
valise bouclée, vite il repart
pour Paris, où il pioche dur
toute la semaine, et à la
Bourse, et dans son cabinet
de la rue Laffitte, et dans son
bureau des mines de Gogo-
ville pour subvenir au luxe et
au train de maison de madame.
Un terrible brasseur d'affaires,
M. Molasson, israélite d'ailleurs et allié par ramifications
à toute la haute banque des
douze tribus, celle de Judas
comprise ; actionnaire du *Gau-
lois*, du *Figaro*, de l'Union ca-
tholique et du Crédit Lyon-
nais. Tous les étés, jusqu'ici, il

....

les passait à Enghien, ce faubourg de Jérusalem, mais,
cette année, madame a tenu
absolument à venir éblouir les
plages.

Et elle les éblouit, les
plages ; mieux, elle les bou-
leverse et les congestionne.
De Trouville à Cabourg, c'est
la reine de la côte : quatre
toilettes par jour, vingt-six
ombrelles différentes et qua-
rante-trois chapeaux ; elle croit
que c'est encore le grand chic,
enfin... ce matin elle est en
bergère Watteau. .

Assez jolie d'ailleurs, madame Molasson. Une tête de
juive hollandaise, intelligente
et fine, mais clownesse sous
l'enfarinement de la veloutine avec la tache de sang

frais des lèvres peintes et
les deux trous d'ombre des
deux grands yeux noircis de
kolh ; la chevelure teinte,
architeinte et déteinte, couleur
de vieux gazon, presque la
charge de la grande tragé-
dienne sans le corsage... Oh !
inouï, le corsage, un bouquet
de chez Vaillant, tout dans le
haut, rien dans le bas..., à
prendre entre les deux mains
à la section des hanches, et,
soudain, à hauteur des épaules,
un développement invraisemblable, fou, chimérique, extravagant, la gorge bâtie avec
un traversin des déguisés en
femmes des soirs de Mi-Ca-
rême ; une taille à la fois de
guêpe et de nourrice, une
anomalie malheureuse, car

cette gorge est véritablement
sienne. — « Le coup de la
serviette mouillée, me chu-
chotte à l'oreille une envieuse
évidente de ce poitrinage exu-
bérant, vous savez comment
cela s'obtient ! Très facile,
cher monsieur, on prend une
serviette..: » Non, merci, je
préfère ne pas savoir.

Très honnête au demeurant,
madame Molasson, en dépit
de ses tenues de bergère et de
ses allures *idem !* elle n'en
est pas moins le scandale de la
plage et le saint effroi des
mères de famille. D'abord, où
prendrait-elle le temps de mal
faire ?

Elle est toujours dehors :
on ne voit qu'elle à toute heure
du jour et de la nuit, elle a le

don d'ubiquité ; on la laisse
ici, on la retrouve là... Dès
sept heures du matin on la
croise à cheval dans les vallées
des environs ; de dix à midi,
à l'heure du bain, on la re-
voit sur les planches ; d'une
heure à deux, elle est au café
du Casino ; de deux à trois,
aux petits chevaux ; de trois à
quatre, à la musique, de quatre
à sept, sur la terrasse, et, le
soir, selon le programme, ou
elle applaudit Donato dans la
salle de spectacle, où bostonne
avec la petite classe dans la
salle de danse, pour aller à
minuit passer encore une
heure aux petits chevaux, sou-
pailler au café Pique-nique et
rentrer de là, vers deux heures
et demie, chez elle, heureuse

....

et moulue.... Et puis, d'ailleurs, Madame Molasson a,
chez elle, une terrible surveil-
lante.

Sa fille, Mademoiselle Molasson, une belle et svelte
personne de dix-huit ans, aussi
sérieuse que sa mère l'est peu,
et qui, toujours assise à l'écart
avec sa gouvernante, n'en
suit pas moins d'un œil dénué
d'indulgence toutes les frasques de Madame l'authoress
de ses jours, et défend sévère-
ment l'entrée de la villa aux
quatre gardes du corps. Absolument interdit à ces messieurs, le chalet des Vignes-
Vierges, et cette pauvre Madame Molasson serait bien
embarrassée d'accorder une
heure de tête à tête à l'un

d'entre eux, et c'est bien là le
désespoir de nos chevaliers,
car Mademoiselle Molasson a
quelque chose comme huit
cent mille francs de dot et
l'on aimerait asssez, pour
épouser la fille, compromettre
la mère ; mais Mademoiselle
Molasson n'est pas d'humeur
à se laisser épouser ; c'est elle
et sa liberté qu'elle défend en
surveillant sa mère, et elle se
garde bien, Mademoiselle Ré-
frégeon.

L'infortunée quadragénaire
en est quitte pour se livrer à
toutes les excentricités d'allures et de costumes imagi-
nables, aggravées d'un déver-
gondage de paroles à faire
frémir ; elle vous raconte cou-
ramment que le caleçon de

....

Monsieur X... est mal habité;
que la culotte de cheval du
jeune Y... *fait de l'œil aux
dames*, que son mari manque
de relief... et que depuis le
14 Juillet 1887, ni, ni, fini de
rire ; qu'à défaut d'autre...
elle danse sur la *corde raide*
des convenances, que Pranzini avait du bon, etc., etc. —
Toujours en l'air, frémissante
et surexcitée, les épaules se-
couées d'un éclat de rire per-
pétuel, d'un gloussement de
femme qu'on chatouille, elle
a la taille inquiète et la main
prenante : cette main est l'effroi de tous ses interlocuteurs :
instinctive et chercheuse, cette
main est toujours ou sur votre
bras ou sur votre genou, un
véritable tic, une manie tou-

chante si connue dans son
monde qu'on la désigne sous
le nom courant de *Marie
Touchet*. Dernier détail, se
piqué de littérature, prise
Abel Hermant, Marcel Prévost
et Vanderhem ; Marcel Prévost surtout : ah les *Demi-
vierges* ! goûte assez, *Une
Idylle Tragique* de M. Paul
Bourget, mais moins pour son
talent que pour l'homme lui-
même que sa cousine, Ma-
dame H..., rencontre à la
campagne chez les Cancan
d'Anvers ; il est si distingué !
Elle dévore les feuilletons de
Zola qu'elle trouve pharami-
neux : la *Bête humaine*... et la
Terre surtout ; quels hommes,
quels détails, comme c'est
vécu, senti ! Et elle étudie le

....

monde dans la *Vie Parisienne*.
   Une cérébrale, une agitée !
Quoi ! l'hurluberluée !

Celle qu'on assassine

Elle a 'promis à Zidler de
ne pas quitter Paris, puis
franchement elle se doit à sa
clientèle; une clientèle sérieuse, établie, dont les visites
à jours fixes et les nuits à

....

l'avance retenues ne lui per-
mettent pas plus de fermer
son appartement des Champs-
Élysées que de disparaître du
boulevard.

Tandis que les petits *fracas*,
momentanées du quartier de
l'Europe ou de la rue Mar-
beuf, tapageantes chéries, font
feu des quatre pieds, les unes
à Spa autour de la roulette,
les autres à Aix, à la Villa
des Fleurs, poursuiveuses d'inconnu, parties à la recherche
de l'attelage qui pose et de
l'hôtel qui cote, celle qu'on
assassine, sûre de ses abonnés
et de son budget de rentière,
demeure, elle, à son poste au
milieu de Paris estival et désert.

Qu'Emilienne fasse tam-

bouriner à travers la Presse
ses succès de commère dans
la revue d'été à l'Eden-Trou-
ville, que Madame de Pougy
révolutionne le monde et le
demi par ses suicides à sensation, voilà des événements
qui ne l'émotionnent guère.
La petite classe a beau battre
la plage et la montagne,
peu lui importe! Pour elle,
ce sont des irrégulières,
comme qui dirait les aven-
turières de la galanterie, les
braconnières et les marau-
deuses d'amour; elle, au con-
traire, en est la capitaliste, la
femme sérieuse, la bourgeoise
aux rentes assurées et solides.

Peut-être en septembre
s'absentera-t-elle une quinzaine, et encore faudra-t-il

....

qu'elle soit là pour le retour
des Pyrénées et de Biarritz.
Son passementier de la rue
d'Uzès, celui dont la femme
et les enfants sont installés
cet été à Dieppe, et qui s'est
affermé ses soirées du lundi
et du jeudi, son gros passementier depuis un an la tour-
mente pour qu'elle l'accom-
pagne en Bretagne (le voyage
circulaire, le mont Saint-Mi-
chel, Saint-Malô et les îles).

La grande cheville de la
maison, son passementier, il
faudra donc qu'elle s'y décide;
bah! elle dira à ses autres
abonnés qu'elle va passer
quinze jours en province, chez
sa mère.

Les autres commanditaires :
un vieux marquis du quartier

Saint-Louis, à Versailles, un
noble aux goûts de séna-
teur; un député de l'Est,
richissime maitre de forges
(tous les quinze jours vingt-
cinq louis le quart d'heure);
un ancien notaire de Nantes,
président du bureau de bien-
faisance, dévot et raffiné et
parfois plein de telles exigences..., mais généreux comme
un ancien corsaire; enfin, un
capitaine aux cuirassiers de
Nancy, un ancien béguin
comme sous-lieutenant jadis,
qui descend chez elle, lorsqu'il
vient à Paris, et qu'elle veut
marier richement, devenue maternelle à ce permissionnaire.
En dehors de ces revenus certains, quelques anciens amis
mariés en province, et les

amis de ses amis acceptés sur
lettre de recommandation : le
casuel et ses variables béné-
fices, dans les soixante mille
au bout de l'an.

Et c'est pourtant cette femme
stricte et ordonnée comme un
Grand-Livre, aux toilettes
élégantes et sévères, qu'on
trouve un beau matin râlant,
la carotide ouverte, sur le
tapis persan de sa chambre à
coucher. Le secrétaire est forcé,
les valeurs disparues, et en travers du lit défait, les draps encore chauds de quelle lutte?
et une manchette fripée, re-
trouvée par hasard, proclament
hautement que l'assassin, quelques minutes avant amant de
la victime, avait du linge douteux et les doigts des pieds sales

Sadisme ou mystère? Non,
fatalité prévue et qui s'impo-
sait presque.

Comme le bestial assassin
de campagne, équivoque che-
mineau ou gars de charrue
cupide, va droit à la maison
solitaire et fermée de la vieille
dame qui passe *pour avoir du
bien*, le meurtrier des filles,
ce pirate terrifiant et pourtant captiveur de Cythère, va
d'instinct, flairant l'odeur de la
galette, à la rentière d'amour.

Et puis, c'est là la fissure
de ce coffre-fort, le châtiment
de cette femme d'affaires.

Cette comptable de la ga-
lanterie, condamnée par métier à essuyer les pituites de
l'amour devenu vieux, a des
fringales de jeunesse vigou-

reuse, de virilités neuves et
de caresses carnassières. Si
elle est abonnée de Franconi
et fidèle habituée du Jardin
de Paris, c'est qu'on y rencontre souvent de clairs et
blancs sourires dans des barbes
de jais, bien frisées et lui-
santes; et la justice, après
meurtre, a beau trouver dans
son chiffonnier des lettres
signées Roméo antidatées
d'Asnières, elle en tient, celle
qu'on assassine, pour l'élé-
ment étranger, pour les larges
épaules, le thorax poitrinant
et le reste à l'avenant des
rastaquouères louches... Celle
qu'on assassine... Elle a promis
à Zidler de ne pas quitter Paris
cet été, et puis, franchement,
elle se doit à sa clientèle...

Celle qui s'ennuie

Depuis les clairs et soyeux ateliers de femmes peintres, où parmi les foukousas et les sveltes idoles de Yeddo modèles et artistes se baisent longuement sur la bouche,

jusqu'aux grandes halles vi-
trées où l'on vend de la chair
depuis un louis jusqu'à vingt-
cinq, Elysée-Montmartre,Mou-
lin-Rouge et Folies-Bergère,
elle a tout vu, tout hanté et
tout approfondi, touriste éro-
tomane de la Perversité, bien
plus esclave encore de son
ennui que de son vice.

Vicieuse... est-ce qu'elle
sait seulement... Pourtant
elle en a bien le masque,
avec son fin profil aux arêtes
sèches et impertinentes, son
teint pâlot d'un collégien pré-
coce qui a trop lu les idylles
de Virgile, ses hanches ab-
sentes, son buste plat et toute
cette allure équivoque et charmante pourtant de la femme
androgyne.

Célèbre, elle l'est, et d'une
célébrité européenne, hélas!...
son nom signifie *escale* à Les-
bos et c'est se compromettre à
jamais, de quelque sexe qu'on
soit, que de s'avouer son ami
ou amie ! Est-il utile de dire
qu'elle est désœuvrée et marquise. La marquise ! Elle a
posé, comme autrefois la princesse Borghèse dans l'atelier
de Canova, nue et au naturel,
dans les romans urticants et
cruels de Catulle Mendès et
de Rachilde, cette autre
énigme jetée il y a dix années
au boulevard. Ses faits et gestes
ont pendant dix ans défrayé
les chroniques : ses mots à
l'emporte-pièce, d'une inso-
lence ennuyée et féroce, plus
des bâillements éreintés d'un

....

jeanfoutisme élégant que de
vrais traits d'esprit, sont trop
connus pour être même cités
ici.

Tour à tour entreteneuse et
entretenue, elle a dissipé des
fortunes, fondu des millions
dans le creuset de son ennui ;
car au fond elle s'ennuie... et
désespérément et incurable-
ment, et voilà la plaie secrète
et cuisante de sa vie.

L'autre, étalée par bravade
et par défi, son vice promené
partout et brandi comme un
drapeau,

Qui veut se perdre me suive,

son vice agité comme un
signe de ralliement au-dessus
de Paris enfiévré de rut et

las de luttes et d'efforts, son
vice errant, avec haltes à
Asnières, à Montmartre et
jusque dans les coulisses du
Théâtre-Français, ce besoin de
scandale et de bruit, cette fu-
reur hystérique et quasi dé-
moniaque de crier tout haut
son mal et de l'apprendre
au monde, ennui navrant,
exaspérant et ulcérant ennui.

Être un autre et ailleurs...,
c'est là toute la synthèse du
vice... Baudelaire l'a peut-être
encore mieux défini dans le
nostalgique et si triste poème
des *Bienfaits de la Lune* : Tu
aimeras le pays où tu ne seras
pas, l'amant que tu ne con-
naîtras pas, l'eau, la nuit, le
silence, les fleurs monstrueuses
et énormes... »

Malheur à ces tristes âmes
déjà de l'enfance embarquées
pour l'ailleurs. La puberté fait
éclore en elle la fleur sinistre
et vénéneuse. Exacerbées de
sensations, toujours trompées
dans leur attente, leurs bou-
ches de jouisseuses empoua-
crées de la cendre des réalités,
fruits de la Mer Morte à peine
sous la dent, séchés et flétris,
elles forment la légion ·des
grandes Damnées. Rancunières
à la nature, haineuses de
l'homme, les sens bouillon-
nant d'inassouvies convoitises,
pleines pour tout ce qui est
le monde et ses conventions
d'un glacial et enragé mépris!

Elles s'ennuient !

Moderne Pasiphaé, éprise
de la sensation inconnue,

juive errante de la curiosité à
la recherche d'abord du beau
crime à voir et à la fin du
beau crime à faire, cette fille
de duc, cette royale ennuyée,
a rêvé tout, tenté tout, osé
tout et partout.

La crapuleuse et superbe
coureuse de garnis et de
bouges, que fut autrefois Mes-
saline dans tous les carrefours
de Subure, celle qui s'ennuie
l'a été dans Paris moderne où
son buggy est aussi connu
dans les larges avenues solitaires du quartier des Gobe-
lins que dans les ruelles em-
puanties de la Villette. Par
lassitude, par ennui elle a
même glissé parfois jusqu'au
sadisme et, appuyant la dent
à même la chair de la victime,

elle a tenté de relever la fa-
deur écœurante de la volupté
coutumière de la saveur salée
d'une goutte de sang. La police
a dû même intervenir plus
d'une fois dans ses royales
fêtes offertes au Château- de
son royal Plaisir. Mais qu'importe.

Déjà fanée, vanée, morphi-
née, ruinée, aux expédients,
traînant avec elle le châtiment
effroyable de son vice qu'elle
roule et qui roule avec elle
dans l'ornière infamante et
profonde, elle va quand même,
infatigable, se grisant goulû-
ment du mauvais vin de l'é-
motion forte, la raison déjà
moitié atteinte, mais qu'importe. Elle vit des nerfs des
autres bien plus que des siens

propres, la dépravante ennuyée
de Lésbos, et si son seul caprice est aujourd'hui de cor-
rompre, de raccoler et de cor-
rompre encore, c'est qu'aujourd'hui elle suce le cerveau
des autres avec la volupté d'un
cerveau qui sait analyser à une
fibre près la valeur de leurs
infamies, et croyez que si
parfois elle avoue regretter
sincèrement ses cruautés, c'est
que beaucoup de ses mets lui
ont paru surfaits et d'un goût
douteux.

La Casinotière

Le front obstinément collé aux vitres humides, elle regarde la mer, la mer remueuse et grise, striée d'écume au loin, foncer et s'assombrir sous le grain des ondées, la morne casinotière.

Oh ! le spleen des bords de
la mer entrevue sous la pluie,
la pluie fine et tiède des vents
d'Ouest qui bruine, sans dis-
continuer, noyant le large et
l'horizon d'une uniforme couleur d'écaille d'huître, détrem-
pant en boue grasse la poussière des chemins et les rai-
dillons de falaise en rigoles
d'eau sale.

C'est bien la fin de la saison !... Encore trois jours de
ce temps, depuis huit jours
qu'il dure, les hôtels seront
vides et le pays désert ; et ils
ont loué jusqu'à la mi-octobre
ce Casino de la Côte, ce mauvais cabanon de bois peint
hanté d'affreux baigneurs éco-
nomiques : familles de Rouen-
nais et d'Hyvetotais dévots qui

....

jamais n'entrent au café, jamais
ne jouent aux petits chevaux,
Anglais des agences, touristes
bon marché dont les valses
hygiéniques prolongées dans
la nuit sont le cauchemar de
la pianiste, spectateurs assidus
de toutes fêtes gratuites, mais
honteusement rebelles à toute
suspension d'abonnement.

Et la pauvre casinotière,
grosse masse affalée dans le
fauteuil directorial et fatigué
de son mari, suit d'un œil
morne le va et vient en socques
et caoutchoucs des rares abonnés fidèles se hâtant vers le
salon de lecture, le dos rond
sous leurs parapluies.

Le salon de lecture ! autre
lieu de géhenne et de détresse
opprimante, refuge ordinaire

....

de vieilles dames à catharre et
de messieurs rasés et chauves
(lunettes bleues et souliers
lacés sur des bas de laine gris),
graves lecteurs du *Temps* et
autres feuilles rancies, échoués
là par désœuvrance et faisant
sécher dans les coins leurs
toutous trempés d'eau et leurs
vieux parapluies.

Et la casinotière, haineuse
de ses abonnés récalcitrants
à la dépense, des lueurs de
meurtre dans les yeux rien
qu'à regarder passer ces éco-
nomiques débris, colle ra-
geusement sa face mauvaise
aux vitres, invectivant tout bas
ce sot et ce bélître, cet incapable et ce niais : son mari.

Oh ! le temps lointain déjà !
en soixante-douze ou soixante-

treize, l'année d'après la guerre
où elle décrochait son premier
prix de chant au Conservatoire
et débutait dans les six mois,
et avec quel succès ! comme
diva d'opérette aux Galeries
Saint-Hubert.

Tout Bruxelles l'avait ap-
plaudie, tout Bruxelles l'avait
désirée, toute la jeune Belgi-
que, s'était, cette année-là
ruinée en fleurs de serre pour
Juliette Delreux. Car Juliette,
c'était à la fois Théo, Judic
et Granier et quelque chose de
plus, c'était... Et dans le tra-
vesti, quelle désinvolure ! et
quelle chute... de reins ! car
on était honnête... rien à
moins de quinze louis, c'est
leur prix dans les Flandres à
ces Belges, ma chère.

Après, elle avait fait les ca-
sinos, les plages ; on l'avait
entendue l'été à Etretat, à
Veules, à Saint-Valery, une
année à Fécamp, une semaine
à Trouville, et à Fécamp, quel
triomphe ! Oh ! cette Normandie ! la Normandie d'il y a
dix ans, des bouquets de roses
thé et des cachets de dix louis.
Fécamp, elle avait été reçue
dans la société de la ville, ces
dames s'étaient même cotisées
pour lui offrir un bracelet-
souvenir le soir de son bénéfice, elle avait eu des invita-
tions à dîner ; la femme d'un
gros négociant, certainement
le plus riche du pays, s'était
déclarée son amie et protectrice, et présentée par elle chez
deux vieilles demoiselles de

l'aristocratie, musiciennes et
artistes, mais daignant courir
le cachet dans la journée (le-
çons de chant et de savoir-
vivre), elle avait eu l'oreille
de la noblesse, puissance un
peu raillée mais pourtant re-
doutable dans une ville d'en-
richis.

Ah ! si elle ne s'était pas
toquée de ce petit chef d'orchestre !... Casinotier, directeur de Casino... si elle avait
pu deviner, si elle avait pré-
vu... Etre forcée de donner des
cachets de bain chaud, avec ou
sans peignoir et des entrées
de terrasse à vingt-cinq cen-
times, le long du jour assise à
un guichet de buraliste, elle,
Juliette Delreux, l'ex-étoile
des Galeries Saint-Hubert et du

Grand-Théâtre de Bordeaux.

Et encore si son mari la
laissait monter sur les planches, et chanter l'opérette sur
la scène de ce Casino... Ah !
au lieu d'avoir engagé cette
grande bringue de Lina Forster, une anglaise sans tournure et sans voix (pas même
un accessit au Conservatoire),
il y aurait eu là réelle écono-
mie, mais non, son mari la
trouve trop grasse maintenant,
trop grasse !... Et puis son
cahier de charges, paraît-il, s'y
oppose... Un tas de blagues,
car elle la connait dans les
coins et on ne le lui met pas,
à l'ex-étoile du Grand-Théâtre
de Bordeaux ; cette Forster est
sa maîtresse, il couche avec,
qu'il l'avoue donc !

Et la face congestionnée de
colère, courte, grasse et bedon-
nante dans sa matinée de
molleton, son béret blanc ra-
geusement enfoncé sur sa tête,
l'ex-étoile des Galeries Saint-
Hubert arpente à petits pas,
ses cuisses se frottant, le cabinet de l'ex-chef d'orchestre,
Anatole autrefois, aujourd'hui
ce bélitre et ce niais : son
mari.

L'Honnête Travailleuse

De onze heures à une heure,
de dix heures à minuit, le long
du quai d'Orsay, dans la solitude ombragée et presque
silencieuse comprise entre le
pont de la Concorde et la rue

....

du Bac; une file de palais
officiels, dans cette saison tôt
endormis, la Légion d'honneur, les ruines de la Cour
des Comptes et le Quartier
de cavalerie avec le pas ca-
dencé de son dragon en sentinelle : nuit chaude, chargée
d'électricité, d'une langueur
amollissante et mauvaise con-
seillère pour les célibataires
sevrés d'intérieur.

Parfois une bouffée de brise
dans les feuilles, dont la fraicheur remuée réconforte et
caresse, puis le clapotis de
l'eau toute proche aux piliers
des ponts; les ponts piqués de
ci de là de lueurs errantes, se
croisant dans tous les sens,
les lanternes des fiacres rega-
gnant la rive droite, des

coupés la rive gauche; de
l'autre côté de l'eau les masses
d'ombre du Jardin des Tuileries, se profilant en noir sur
un ciel lourd, traversé d'éclairs
de chaleur, et les yeux jaunes
des réverbères, égrenant un
chapelet de points d'or, dans
l'étain du fleuve : le bord de
l'eau la nuit.

— Psitt, psitt, monsieur !

C'est une ombre accroupie
qui vient de se lever d'un
banc sous les arbres et vous
croise, frôleuse.

— Il fait bien beau, ce
soir, à respirer le frais... On
se croirait à la campagne...
Et dire qu'il y a des gens qui
quittent l'été Paris.

Et deux équivoques pru-
nelles au regard prometteur,

un sourire complice, vous
troublent et vous invitent...
des doigts vous ont touché
dans l'ombre.

. N'entamez pas la conversation où vous êtes perdu...
Sans avoir eu le temps de savoir comment et pourquoi,
une main câline, impérieuse
pourtant, vous aura assis sur
un des bancs; la forme, elle,
a plongé dans le parapet
obscur, comme soudain en-
foncée dans le pavé du quai,
apparition à peine entrevue,
aussitôt disparue... Mais une
étrange et délicieuse sensation de fraicheur a pénétré
votre chair moite sous vos
vêtements en désordre, une
caresse humide et chaude,
presque un effleurement, mais

un effleurement si vivace et
pourtant si délicat. qu'il en
devient quasi une douleur,
vous sollicite à un endroit
précis : c'est inquiétant et
c'est exquis, c'est comme l'en-
veloppement d'un calice de
chair, mais d'une chair pul-
peuse et juteuse de fruit,
fleur de damnable volupté
nocturne, refermée sur votre
chair à vous, et où tout votre
être se fondrait, délicieuse-
ment englouti.

Fuyons dans la nuit claire et brune,
Dans les lointains miraculeux
Où les ailes des oiseaux bleus
Palpitent dans le clair de lune.

Et, en effet, la tête renversée, les yeux aux étoiles,
le vent du soir dans les che-

.veux, vous vous abandonnez,
parti pour les paradis artifi-
ciels,

> Dans les lointains miraculeux
> Où les ailes des oiseaux bleus
> Déploient leur éventail de plumes.

Un cliquetis d'acier, un
fourreau de sabre battant sur
un éperon..., d'un bond vous
vous êtes redressé, éperdu.

— Ne t'émotionne pas, mon
chéri, c'est le cavalier en faction... il s'impatiente, le
pauvre bibi; je lui rends service, des fois, quand il est de
garde, et il a peur que je
l'oublie... Alors, avant qu'on
vienne le relever, il m'aver-
tit... C'est sa manière à lui, ce
garçon, il toque un peu son
sabre sur ses éperons... Ne

t'émotionne pas, je les connais
tous; rassieds-toi, mets-toi
bien à ton aise.

-Et la fleur de chair reprend
sa caresse enveloppante et
précise, exquise et torturante.

— Quarante sous... Oh !
t'ajouteras bien vingt ronds,
t'as l'air d'un homme chic,
toi, d'un de la haute... Faut
bien que les riches paient
pour les pauvres... T'es du
quartier, t'es au moins bou-
langiste, dis, marquis, et puis,
tu sais, c'est pas du chiqué,
j'ai ça à la bonne... et puis,
tu sais, moi, je n'ai pas de
sale type qui rôde dans mes
jupes; je travaille toute seule.

Et glissant les trois francs
dans son bas, l'honnête travailleuse se coule contre le

13

mur et va rejoindre à pas
furtifs la guérite hospitalière,
la Cythère improvisée du fac-
tionnaire de minuit.

Celle qu'on tue

Elle est cet été à Evian et,
dans l'ensoleillement de ce
radieux septembre, elle promène au pied des glaciers
crètés d'argent violâtre l'écla-
tante fleur de ses dix-huit ans.

Elle était en juillet à Aix,
en août à Luchon, depuis
huit jours l'Helvetie-Hôtel la
possède : c'est elle qu'on croise
le matin, svelte amazone de
drap noir, son front de jeune
dieu coiffé en auréole du ca-
notier des plages anglaises et
éveillant des joyeux hip, hue,
hop, l'écho des ravines bleuâ-
tres, avec au-dessus la neige
éblouissante du Righi! Elle
qui, le soir, en robe de mous-
seline des Indes plissée, serrée
à la taille d'une large ceinture vert jade, valse et tour-
billonne dans les hall d'hôtel,
adorable greenaway de Buda-
Pesth ou de Stockolm, car
cette délicieuse anglomane est
de tous les pays, les trois
royaumes et la France exceptés

toutefois, et jamais Suisse, la
Suisse, puritain Eden des au-
bergistes et des jeunes Cru-
chod.

Grande, adorablement jolie
de cette joliesse de blonde aux
yeux noirs qu'on est convenu
d'appeler troublante, très cour-
tisée, très fêtée, rieuse et in-
dépendante, à première vue
un peu énigmatique et moins
que rassurante ; dès son apparition les points d'interrogation se dressent et les paris
s'engagent.

Coryphée de l'Opéra de
Vienne, — somptueusement
entretenue par un riche *paron*
de là-bas, élève du Conservatoire de Munich, fille naturelle d'un prince ou de millionnaire archiduc, grande

....

dame nihiliste exilée et se
destinant au théâtre, ou fille
de concierge du boulevard
Clichy, dressée et manégée
dans l'atelier de quelque marquise artiste du quartier de
l'Etoile.

Mystérieuse aventurière, ou
quelquefois fantasque aventu-
reuse et loyalement, en tout
bien tout honneur, qui ne l'a
croisée du moins une fois sur
sa route dans ses haltes et ses
courses errantes d'hôtellerie
en hôtellerie à travers l'Europe et de pension en pension sur les bords du lac de
Genève.

Nous l'avons déjà rencon-
trée dans le roman et le
théâtre, cette svelte et blonde
évaporée aux yeux vides et

clairs, aux lèvres trop rouges,
faisant tourner et retourner
toutes les têtes, et sur l'éclat
forcé de son rire, et sur la
dorure invraisemblable de ses
cheveux; elle est Russe, Slave,
Autrichienne, Suédoise, Amé-
ricaine, étrangère toujours.
Cosmopolite, elle est surtout
de table d'hôte.

C'est pour elle que s'orga-
nisent les parties de montagne à Bagnéres, de pêche à
Biarritz; à Aix, elle trainait
dans ses jupes le marquis
de M... teint en noir de
charbon et reluisant d'espoir;
à Luchon, elle prenait les
sodas de minuit, crânement
installée aux terrasses des
cafés de l'allée d'Ettigny, en
compagnie d'un tas de rasta-

....

quouères à cravate ponceau,
en complet jaune d'or : elle a
navigué sur le lac du Bourget
sans Bourget et avec Peladan
sur celui de Genève ; elle
figure dans les tableaux vi-
vants de la villa de la princesse Toutyva et joue dans
toutes les pièces d'amateurs
montées au bénéfice des guides
du Club alpin dans la salle
des fêtes des Continental-
Hôtel.

Doublée d'une mère, elle
s'appelle Dora, Iza Clémen-
ceau, et dans la vie réelle,
c'est la belle Madame Musard ;
elle rencontre à Baden-Baden
le généreux roi de Hollande
et à Spa le grand chancelier
qui la présente à son vieil
empereur : graine d'espionne

et de courtisane, il est arrivé
parfois que cette aventurière
soit une honnête fille capable
de'toutes les extravagances et
incapable d'une infamie.

En littérature, c'est alors la
Dora de Sardou, capable de
préférer la mort à l'amour de
l'homme aimé qui la méprise ;
c'est l'adorable héroïne de
Bourget dans *l'Irréparable*, âme
de neige qui ne peut survivre
à la souillure.

Dans, la vie réelle, enfin,
nous la retrouvons tuée, la
chair trouée et saignante,
dans la petite maison de
Meyerling, abattue d'un coup
de feu à côté du prince Ro-
dolphe : assassinat ou suicide.
Mystère ! Politique ou ven-
geance d'amour. Vienne, in-

....

terrogée, a gardé le silence et
depuis...

L'hiver dernier, enfin, on
la tue encore, à la Chambige,
cette fois : un rastaquouère
de dix-neuf ans fait le coup,
le rastaquouère des tables
d'hôte des aubergeries suisses,
le jeune et terrible *Amérique
du Sud* dont le consul de son
pays paie par ordre paternel
les frasques et les factures, et,
autour de ce corps encore
tiède de jeune fille, comme
autour de celui de l'autre
assassinée, la médecine légale
vient flairer et rôder : de ses
curieuses mains tâtonnantes
et presque lubriques elle sonde
les plaies, écarte les voiles,
essayant de confesser à travers l'expertise de la chair un

peu de l'âme et de la vie de
cette morte.

Et par hasard il se trouve
que le cadavre interrogé est
pur, inviolé, beau lys de douleur que son assassin a vaine-
ment essayé de déshonorer
après l'avoir abattu.

Pauvre et charmante Clara
Sottlin !

Elle est cet été à Evian et,
dans la tiédeur ensoleillée de
ce radieux septembre, elle
promène au pied des glaciers
crêtés d'argent violâtre l'écla-
tante fleur de ses dix-huit ans.

Table

—

✿

Imprimerie des Nouvelles Collections Guillaume

E. GUILLAUME, DIRECTEUR

Borel. — 110, avenue d'Orléans. — Paris.

✿

Extrait du Catalogue
Des Nouvelles Collections Guillaume

Collection "Lotus bleu"

Format 7 × 14

⚭

Prix : 1 franc le volume
Par la poste : 1 fr. 25

La Collection *Lotus bleu* publiera des œuvres inédites de Alphonse Daudet, Emile Zola, Victor Cherbuliez, Anatole France, J.-H. Rosny, André Theuriet, Paul Margueritte, Frédéric Mistral, Jules Claretie, Pierre Louys, Abel Hermant, Jean Lorrain, etc.

" Collection Chardon Bleu "
Format 7,5 × 15
Prix : 2 fr. 50 le volume

"Collection Papyrus"
Format 8,25 × 16,5
Prix : 3 francs le volume

Collection " Nymphée "
Format 9,5 × sur 19
Prix : 3 fr. 50 le volume

www.ingramcontent.com/pod-product-compliance
Lightning Source LLC
Chambersburg PA
CBHW070614100426
42744CB00006B/471